JN439390

꿀벌은 은빛 나비가 되어

꿀벌은
은빛 나비가
되어

정정금 수필집

도서출판 경남

꿀벌은 은빛 나비가 되어

정정금 수필집

펴낸날 | 2012년 12월 10일

지은이 | 정 정 금

펴낸이 | 오 하 룡

펴낸곳 | 도서출판 경남

주 소 | 창원시 마산합포구 몽고정길 2-1

연락처 | (055)245-8818~9/223-4343(f)

홈페이지 | www.gnbook.com

전자메일 | gnbook@empal.com

출판등록 | 제567-1호(1985. 5. 6.)

편집팀 | 오태민 | 심경애 | 구도희

ISBN 978-89-7675-808-8-03810

〔값 15,000원〕

머리글

하고 싶은 말

글을 쓰는 것이 나의 희망이었고, 꿈이었고, 삶이었습니다. 그리고 구원이요, 순수이고 싶었습니다.

얼마나 오랜 세월 동안 그런 것들을 마음에 새기며 살아왔는지 모릅니다. 정말 외롭고 괴로웠습니다.

어느 세월 경남대학교 평생교육원에서 수필가 하길남 선생님께 수필 수업을 받은 지 10여 년, 배우고 갈고 닦고 한 작품 중에 골라 수필집을 출판하기로 결심하였습니다.

부끄러움 어디에 다 말할 수 있겠습니까. 그러나 이것이 내 인생의 소원이라면 이해해 주시리라 생각됩니다.

참으로 어렵고 두려운 길이었습니다. 문학을 동경하고 사랑한 이유로 여기까지 왔습니다. 앞으로도 열심히 문학적인 가치가 있는 수필을 쓰기 위해 노력할 것입니다.

평설을 써주신 정목일 선생님과 책을 출판해 주신 도서출판 경남 오하룡 대표님에게 감사드리며 저를 위해 도움 주신 모든 분들에게도 진심으로 감사드립니다.

가을날의 노을 곁에서

정정금

축하글

꿈을 향한 도전

— 정정금의 삶

산다는 것, 살아 있다는 것은 오늘의 축복이요 영광이다. 그 사람이 무엇을 하든 무엇을 하며 살고 있든, 그것은 그 사람의 삶이요 인생이다. 이 얼마나 소중한 것이 아니랴.

정정금의 수필에서 자기 인생의 이야기며 꿈이며 직업에 대한 고통과 좌절 그리고 아내로서 어머니로서 한 인간으로 살면서 결코 버리지 않고, 잊지 않고 소녀시절의 꿈을 혼자 간직하여 경남대 평생교육원에서 14년 동안 수필가 하길남 교수께 수필 공부를 해 왔음을 쓰고 있다. 장한 일이 아닐 수 없다. 더욱이 장애 아이를 둔 엄마로서 얼마나 괴로움과 힘든 일이 많았을까 싶다.

그런 정정금 님이 오랜 세월 동안 갈고 닦은 수필을 한편 한편 정성껏 모아 한 권의 책을 만드는 일에 박수를 보내지 않을 수가 없다.

수필에는 여러 장르가 있다. 기행문, 역사기, 일기, 신변 이야기 등등이 있지만 무엇보다 자기가 살아온 삶의 이야기를 좋은 문장력과 좋은 구성으로 썼다면 독자들에게 감동을 줄

것이다. 그것은 문학성이 있다고 볼 수 있다.

정정금 님은 어떤 어려움 속에서도 꿈을 잃지 않고 살아왔다는 것에 우리들의 귀감이 되지 않을까 싶다.

꿈은 살면서 큰 힘이요 용기이며, 신앙 같은 존재로 어떤 험난한 길에도 구원을 받을 수 있는 원동력이다.

꿈을 안고 살고 있는 사람!

그곳엔 꽃이 피고 구름이 흐르며, 별이 반짝이고 사랑이 깃들고 있을 것이다.

누가 꿈꾸지 않으랴.

정정금 님은 꿈을 버리지 않고 소중하게 간직하여 그 꿈속에 자기의 세계를 그린 사람이다. 그리하여 그 긴 세월 속에서 틈틈이 쓴 글을 모아 이렇게 좋은 수필집을 출간하게 되었다.

오랜 세월 수필을 써온 한 사람으로서 높이 존경하는 바이다.

— **서인숙** 시인, 수필가, 국제펜한국본부 경남지회장

| 차례 |

제3부

제4부

| 제1부 |

손

몇년 전 라일락 향기 속에 내 딸이 결혼을 했다. 자식 결혼이야 누구나 시키는 일이라서 얘깃거리도 안 되는 일이지만 눈물과 한숨으로 키운 농아이기 때문에 나에게는 눈물겨운 사건이었다.

그날 예식은 딸이 원하는 대로 농아목사를 모셨다. 웨딩마치가 울리고 주례의 수화를 따라 사회자의 목소리가 예식장의 분위기를 한껏 돋울 즈음, 딸애는 아버지와 팔짱을 끼고 마치 말을 알아듣는 사람처럼 용하게도 발을 맞춰 실수 없이 주례 앞에 섰다.

천진한 신랑 신부가 살짝 웃기도 하고 주례의 물음에 코먹은 소리로 "네" 하고 대답을 했다. 축가를 부를 때는 여덟 명의 농아 처녀들이 피아노와 녹음기에 따라 하객을 향해 입만 움직였지만 성공적이었다.

검지 손가락으로 볼에 점을 찍고 팔을 벌려 두 손을 머리 위로 올려 원을 그리고, 오른손을 주먹 쥐어 왼손 등에 갖다 대기도 하면서 영화 〈밀레의 만종〉에 맞춰 노래를 끝냈다.

세상에… 나는 실신할 듯 상기된 기분으로 북받치는 울음을 참느라 애를 썼다. 실제로 그날의 하객들은 그 어떤 연주회서도 볼 수 없는 진한 감동에 젖은 듯했다. 그렇게 감명 깊은 결혼식을 본 적이 없었다며 다들 우레와 같은 박수를 보내 주었다.

그 순간 딸과 같이 지내왔던 많은 사연들이 주마등처럼 스쳐갔다. 만 여섯 살이 되어서야 청천벽력 같은 '농아' 선고를 받고 나는 얼마나 울었던가. '하늘이 노랗다' 는 말이 그대로 실감되었다. 딸애를 부둥켜안고 내 평생의 울음의 대부분은 그때에 다 쏟아 부은 것 같다.

'내 딸이 말을 할 수만 있다면…….'

물 떠놓고 빌고, 굿도 하고, 점쟁이집, 철학관을 누비고 병원을 돌며 세월을 보내고, 할머니께 내 딸 말문 열어놓고 저승 가시라고 애원도 해 보았다.

혼자 외롭게 자라는 딸은 얼마나 고통스러웠을까? 냇가에 가서 송사리, 냇고둥, 물방개, 게 등을 잡느라 동상이 걸려 손이 퉁퉁 부어 이 에미를 울리고… 딸이 말을 못하는 것도 다 내 탓이고 나의 죄인 양 항시 딸에게 미안한 마음이었고, 차라리 나의 귀와 입을 바꿀 수 있으면 기꺼이 바꾸겠다고 간절한 기도도 했다.

내 딸이 눈치로 분위기를 파악하는 것은 물론 상대방의 입 놀림을 보고 그 뜻을 거의 알 수 있을 정도였으니 그것만 해도 고마웠다. 비록 말은 못하지만 정상아 못지않은 정신과 효성을 지닌 내 딸이 남의 집 식구가 되어 그 가문을 이어갈 수 있을 만큼 성인이 되었다니 너무나 대견스러워 눈물이 났다. 결혼식 때 한 친구는 "너 울면 어쩌나 했는데 참 잘 참았구나." 하며 손을 꼬옥 잡는다.

내 딸은 손으로 말을 하고 나는 입으로 말을 한다. 마음속의 눈과 입으로 다 제 할 일을 하는 사람이 되고 손은 올바른 손이 되어야 한다는 생각이 든다.

손은 곧 삶의 방편, 사는 일은 곧 손의 일, 즉 수고手苦가 아닌가.

손은 움직이고 있어야만 빛을 발한다. 손은 부족한 부분을

THE FIRST

Oil Painting on Canvas
20 × 16 inch

채우는 길잡이며 시행착오를 거듭하며 전진하는 영원한 도전자이기도 하다. 손 대신 입으로 붓을 물고 그림을 그리는 소년, 발가락 사이에 붓을 끼워 글을 쓰는 소녀, 팔다리가 없어도 세계여행을 하는 사람들, 그들은 붓을 입에 무는 연습, 그리고 온몸을 움직여 먹을 묻히고 몸 전체로 그림을 그려야 했던 고통과 인내를 반복하면서 얼마나 몸부림치며 자신과 모진 싸움을 했을까?

손의 귀중함은 가격을 매길 수가 없다. 하지만 세상에는 나쁘고 더러운 손도 있다. 뇌물받은 정치가와 도둑놈의 손은 다를 바가 없다. 지하철에 불을 지른 파렴치한 손은 어떤가?

그래도 나쁜 손보다 좋은 손이 많기 때문에 우리가 살아가는 삶은 즐거운 것이다. 삼십여 년 돼지국밥을 팔아 모은 수억 원을 장학재단에 기부한 할머니의 손 얘기나 골프채를 잡은 박세리의 손은 참으로 우리를 살맛 나게 한다.

손으로 이룬 역사는 입으로 이룬 만큼 방대하리라. 그 위대한 손 중에는 내 딸의 손, 농아들의 손들도 있을 것이다.

내 딸은 아홉 살 때부터 연탄불도 갈 줄 알고 밥도 하기 시작했다. 낮에는 농아학교, 밤에는 양재학원 · 미용학원 등 자신의 손으로 할 수 있는 일을 보통사람도 하기 힘든 노력을 해 가면서 혼자 세상을 헤쳐 나갔다. 그 때문인지 나는 딸에게 조금씩 무관심해져 갔지 않았나 싶다.

그러나 나와 같은 처지의 한 친구는 딸의 장래를 위해 자문도 받아보고 마지막에는 망설이다가 철학관에 갔다. 내 친구 딸은 장차 아나운서나 교수가 된다고 했다. 내 친구는 말없이 돌아 나온 후 그때부터 산교육을 시작했다.

밥이 끓어 김이 나면 내 친구는 딸의 얼굴에 김을 씌우고 '김이 난다' 라고 썼다. 국이 부글부글 넘치면, '부글부글 끓고 넘친다' 고 손가락을 연필로 삼아 딸애의 손바닥에 쓰며 가르쳤다. 아스팔트 위에 김이 나는 것을 '아지랑이 피어오른다' 고 설명해 주었다.

어느 날에는 뻥튀기하는 곳에 들러서 뻥하는 소리를 듣게 했다. 내 친구 딸은 느낌으로 알았을까, 깜짝 놀랐고 내 친구는 그 순간을 놓치지 않고 '깜짝 놀랐다' 고 손바닥에 쓰면서 가르쳤다. 내 친구는 작은애를 업고 학교 골마루나 교실 뒤에서 딸과 같이 공부했었다. 손으로 몸짓으로 구화로 전심전력으로 딸을 키웠다.

그 후 딸의 친구는 전도사가 된 급우와 결혼했다. 지금은 수화교사로 텔레비전에 출연해서 목사님 설교도 수화로 통역해 농아들에게 전달하는 아나운서가 되어 활동하고 있다. 내 친구의 노력과 비교하면 나는 너무 부끄럽다. 나는 문득 손이 뭉개진 사람들의 손이 되고 싶다는 생각을 한다.

손

하늘만큼이나
넓고 큰
시인에게

보리 모가지를
뚝 잘라
피리를 만들어
선물하고 싶다.

나병으로 몽당손이 된 한하운 시인에게 이 시를 바치면서 내 손을 필요로 하는 사람들의 손이 되어야겠다고 다짐해 본다. 속삭이듯 미래의 노랫소리가 들린다. 내 딸 결혼식 때의 축하곡 그 아름다운 손의 율동에 화합된 합창이 지금도 내 가슴 깊이 흐르고 있다.

상처

"할머니 안녕하십니까? 저희들 다음 월요일 마산 가겠습니다."

외손자 다윗이 전화를 했다. 그런 손자가 기특하기도 하다. 가끔 전화를 하지만 나에게는 외손자가 주는 큰 선물이다.

10여 년 전, 딸을 경주 시댁으로 데려다주고 돌아오는 차 속에서 나는 울지 않으려고 애를 썼다. 하지만 끝내 울고 말았다. 딸애 내외 둘이 모두 농아이기 때문에 그들을 닮은 자녀가 태어날까 봐 걱정이 앞서서였다. 하지만 그런 마음은 기우에 지나지 않았다. 짠한 마음으로 만나게 되는 딸과 손자라 반가우면서도 한편 눈물겨웠다. 남편의 속마음이야 내 마음보다 못할 리 없다. 하지만 남편은 손자 만나기를 달가워하지 않았다.

날이 어둑어둑해질 무렵 이윽고 경주에 사는 아이들이 도착했다. 집으로 가는 도중 남편에게서 전화가 왔다.

"하나도 반갑지 않으니 데리고 오지 마라."는 불호령이었다.

나는 끝내 그런저런 이유로 아이들에게 거짓말 아닌 거짓말을 하게 되었다. "외갓집은 난방용 가스가 고장이라서 추우면 감기 들면 안 되니 그만 오피스텔로 가야겠다."고. 그리고는 아이들을 내가 일하는 사무실로 데려와서 식사 준비를 해주고 평소와 같이 남편의 저녁을 준비하러 집으로 허겁지겁 달려갔다.

무슨 여자가 저녁밥을 밤 10시에 챙겨 주냐고 하며

"경주 그 양반들(사돈 내외) 집 나간 아들은 몇 년이 되어도 찾지 않고, 뭐하는 사람들이야! 당신은 무엇이 좋아서 하필이면 교통이 복잡한 연말에 애들을 오도록 하는지 모르겠어. 당장 내일 돌려보내."

하고 남편은 목소리를 높였다.

딸애는 꿈에 예수님이 나타나서 "사내아이를 낳을 테니,

이름은 '다윗'이라고 지으라."는 은총을 받았다고 했다. 그 후 고통을 참으며 기도를 하면서 아들을 낳았다는 안사돈으로부터 소식이 있었다.

단숨에 달려갔다. 안사돈이 내 딸 자랑을 해도 귀 밖으로 흘렸다.

"애 울음소리 큽디까?" 하고 애 울음소리만 물었다. 그러자 안사돈은

"예, 울고 말고요. 똑똑히 우는 소리를 들었어요. 무슨 죄를 지었다고 손자까지 벌줄 겁니까? 걱정하지 마세요."

하며 안심을 시켜주었다. 안사돈의 눈언저리가 어느새 촉촉이 젖어 있었다. 나는 유리창 너머 보이는 '김다윗' 앞에 다가섰다. 코가 유난히 우뚝 선 사내아이를 보는 순간, 전신이 떨리며 마음마저 설레었다.

그랬다. 나는 마음속으로 뻥튀기하듯 어서어서 자라서 "할머니 안녕! 할머니 돈 줘" 하고 안기는 모습을 떠올렸다. 그리고는 '어떤 어려움을 겪어도 좋으니 말문만 열어다오.' 하고 마음속으로 간절히 빌고 또 빌었다.

"이제 나가셔도 됩니다."

하는 간호사의 말을 듣고서야 그제사 정신을 차리고 돌아나오는데, 그 아이가 어찌나 눈에 밟히는지….

SCRUPLE

Oil Painting on Canvas
20 × 16 inch

다윗이 백날이 되었을 때부터 손자를 안고 말을 가르쳤다. 내 말을 따라하든 말든 "다윗아, 까꿍. 엄마, 할머니" 수없이 반복했다. 6개월이 지나자 뭐라고 아이가 말하는 시늉을 했다. 돌이 다가오자 "엄마 엄마" 하기도 하고, 쉬운 닿소리도 하게 되었다. "도리도리, 짝짜꿍, 악수, 빠이빠이, 안녕" 하면서 아이와 시간 가는 줄을 몰랐다. 아이는 주위 사람들의 귀여움을 독차지했다.

딸아이는 급한 마음에 다윗이 네 살이 되자 어린이집에 보냈다. 하지만 적응이 되지 않아 끝내 조기교육은 실패였다. 그 후 이삼 년 친할아버지 내외를 따라 논밭으로 다니면서 자연에서 나는 소리를 흉내 내며 즐겁게 지냈다. 아이는 잘 자라 주었고, 사람들이 하는 말을 수화로 통역할 수 있을 만큼 되었다. 내 딸에게는 없어서는 안 될 통역사로 자리 잡았다. 그러나 행복으로 이어질 줄 알았던 딸아이의 삶이 어느 날 사위가 집을 나가는 바람에 크나큰 변화에 내몰리게 되었다.

이 일로 딸아이와 손자를 더 마음 깊이 챙기게 되었고, 내 생활의 고통보다 더 아픈 상처로 남게 되었다. 1년을 기다리던 딸애도 자신의 슬픔을 참지 못해 아이들을 버리고 '돈 벌어서 애들 데리러 오겠다' 며 서울로 훌쩍 떠나고 말았다.

그 후 친구의 도움으로 겨우 시댁으로 다시 데리고 왔다. 딸애는 4년 동안 시부모님을 모시고 애들을 키우며 회사를 다니면서 나름대로 어려운 장벽을 넘고 살아왔다. 그런 나의 딸이 시댁에서 분가해서 애들 둘을 데리고 사글셋방이지만 구김살 없이 살다가 방학을 맞아 애들과 외가로 온 것이다.

알고 보니 딸은 마산에서 며칠 지내보고 마음에 들면 이곳으로 이사 올 계획이었나 보다. 이런 딸에게 남편의 언행이 너무 심한 것 같아서 속이 상해 견딜 수가 없었다. 그렇게도 소망했던 손자가 말을 하니 기쁘기 그지없었는데도 남편의 말에 깊은 자괴감에 빠져 나락으로 떨어지는 것 같았다.

손자 다윗은 나에게는 입으로 말하고 엄마에게는 손으로 말하며 딸애와 나를 연결 짓는 튼튼한 외나무다리이다. 얼마 후 손자와 딸애가 살던 경주로 돌아가려고 했다. 남편은

“잘 키웠니 못 키웠느니 원망 듣기 싫으니 애들 데리고 올 생각 아예 포기해라.” 하며,

“일본서 사 온 학용품 꼭 챙겨 줘라.”

하고는 거실 창밖을 물끄러미 바라보고 서 있었다.

남편의 등허리가 쓸쓸하고 차가운 비람이 씽씽 부는 듯했다. 평소에는 그렇게도 당당해 보이던 우람한 남편의 모습은 온데간데없고 너무도 왜소해 보였다. 그 모습을 보니 화나고

서운했던 마음은 눈 녹듯 사라지고, 오히려 미안하기만 했다.

내가 부족해도 한참 부족했던 것 같다. 역시 남편은 마음이 깊고 넓었다. 이런 생각을 하니 문득 '여보 미안해' 하는 말이 툭 튀어 나오려 했다. 그러나 그 말은 차마 하지 못했다. 내 눈시울이 먼저 젖기 시작하여 남편에게 보이기 싫었기 때문이다.

애들이 떠난 후 며칠이 지났다.

"외할머니 엄마 취직했습니다. 그동안 감사했습니다. 부디 건강 유의하시고 특히 외할아버지 등산 다니실 때 무릎 다치는 일 없도록 조심하세요."

하며 외손자가 전화를 하고는 끊었다.

남편은

"언제까지나 딸을 돌볼 참이야 당신 죽고 나면 딸이 어찌 살라고…."

하고 언성을 높였다.

나를 위해서 더 고생하지 말라고 차갑게 쏘아붙인 말인 줄 알지만, 내 속으로 낳은 자식이다 보니 내 마음에는 또 다른 아픔이었다. 그래서 혹시나 다시 올까 싶어 남편 모르게 오피스텔을 수리했다. 출입문도 전자식으로 바꾸고 전등도 밝은 것으로 갈아 달았다. 그러나 딸애는 올 것 같지 않다.

방이 텅 비어 있어 마음마저 덩달아 허전하다. 간혹 딸애 생각으로 그 방에 누우면 따뜻한 방인데도 매서운 찬바람이 가슴을 파고든다. 역시 어머니라는 역할은 아픔으로 시작해서 아픔으로 끝나야 하는 것인지….

이십여 일이 흘렀는가.

"어머니! 하나님은 이길 만큼 고통을 준다고 합니다. 애들 학교 때문에 충효동으로 이사를 가야 합니다. 안녕."이라는 메시지가 도착해 있었다.

순간 마음 안에 무언가가 꽉 차듯 평온해 왔다. 언젠가 상처도 치유될 날이 오려니 ….

보통 아이

비가 온다. 비 같지도 않은 비가 멀건 대낮에 치적치적 내린다. 오늘은 집에서 일을 보기로 하고 서재를 정리하느라 여념이 없었다. 그러다 시원시원 내리는 비에 펜을 들고 있던 손을 멈추었다. 쌍둥이 손자의 칭얼거리는 소리가 들려서다. 정신이 번쩍 났다. 달려가 아이들의 손을 잡고 뭐라 몇마디 말을 했다. 알아들은 모양이다. 칭얼거리던 아이들이 생글거리며 밝은 표정을 지었다.

나는 이 순간 또다시 깨닫게 되었다.

'손자들은 아직 어린데 내 말을 알아들었다? 그래, 내 핏줄들이니 내 말을 알아들은 것이 아니지, 핏줄의 훈기로 통한 것이지. 내가 할머니이니 손자가 어찌 알아듣지 못하겠는가. 암! 분명히 알아듣지. 그저 사람과 사람 사이에서 서로 거래를 위해 주고받는 그런 말이 아닌 이 말을 못 알아들을 리가 없지.'

나는 순간 기뻤다. 이때에 나는 내 아들과 딸이 선연하게 내 눈앞을 스쳤다. 나는 자리에서 일어나 서재로 갔다. 오랫동안 써오던 일기장을 뒤적이다 속으로 "하하하!" 하고 웃었다. 제일 위에 '1987년 3월 24일 화요일, 비' 라고 적혀 있어서다. 작년 이맘때에 비가 왔는지 생각해 봤다. 도저히 기억이 나지 않았다. 그런데 모년 모일 무슨 요일에 얼마만큼 비가 왔다는 것을 비록 상세하지는 않지만 25년 전의 날씨를 이렇게 알게 되었으니 어찌 웃지 않을 수 있겠는가. 그러니 웃을 수밖에. 기왕 펼쳤으니 한 번 읽어보았다.

작년 이맘때도 비가 오더니만……. 며칠째 감기몸살로 진통을 겪는다. 아침엔 큰애를 데리고 학교로 갔다. 우산을 들고 몸빼에 남방을 걸친 내 모습을 알아보는 사람은 없었다.

도대체 요새 아이들은 왜 글쓰기를 그렇게 싫어할까? 우리 애만 그럴까? 정말 내 생각이 잘못일까? 절름발이 인생을 살자는 건가? 괜스레 화가 나고 머리가 무겁고 참 재미없다.

여자들은 태어나면 시집을 가야 하고, 시집 가서 떡두꺼비 같은 아들을 많이 낳아야 하고, 자식 잘 키워 훌륭한 인물을 만들어야 하는 거다. 그렇듯 여자들은 자식에게 바람이 많다는데, 우짜노 나는? 지지리도 못나서 새끼들로 인한 아픔이 이리 크노? 보통학생 좀 안 돼 줄래? 더러운 복도 지녔네? 낙숫물 소리도 괜히 짜증나네. 내리려면 내리고 말라면 말지. 치근덕치근덕 떨어질 게 뭐람?

사십 대엔 가정은 안정을 찾을 나이이고, 자식들만 해도 대학 다니는 문제로 애태워도 뭐한데, 초등학교 다니는 애들 문제로 애간장을 태우고 지끈지끈 머리가 이렇게 아프다니…

한참 읽어가다 잠시 멈추었다. 그렇다. 당시 내 나이에 그랬었구먼, 그래. 그런 일들이 있었지. 부모 마음을 어찌 자식이 알기는 알랴. 나도 아무리 안다 해도 내 어머니 마음을 눈곱만큼도 제대로 알지 못하는데. 맞아, 이게 또 부모야! 혼자 흘러간 역사를 되새겨 보며 중얼거렸다.

흔히 하는 말로, “야야, 니 딸 낳아 봐라!” 하는 말과 “그래, 니 부모 돼 봐라!” 하는 말이 이 순간 내 귓가에서 쟁쟁거렸다. 이 순간 나는 머리를 옆으로 흔들었다. ‘아니야! 턱도 없는 소리!’ 라고 말을 하는 것처럼.

"니 딸 낳아 봐라!"는 말이나 "부모 돼 봐라!"는 말을 어느 때에 어떤 부모가 자식을 보며 얼마나 마음이 답답했으면, 얼마나 기대가 컸으면 이런 말로 함축해서 할까. 이런 말을 한 부모의 마음을 자식은 알 길이 없다. 이 말처럼 여자가 자기 같은 딸을 낳아보면 안다는 말로 들리겠지만, 정작 딸 낳아 봐도 어머니 마음을 다 알 수는 없는 일이다. 그렇지, 짐작은 하겠지만.

이런저런 생각에 잠기다 당시 내 마음도 기대는 컸던 것 같다는 걸 다시 한 번 실감해 본다. 늦둥이들을 낳아 느지막이라 해도 손자들을 보고 있지 않는가. 나는 두 손을 모았다. 그리고 속으로 말했다. '내 마음속 말을 너희들이 잘 알아들어 이만큼 총명한 보통아이로 잘 자랐으니 고맙다.' 라고.

어느 가정에서나 매한가지듯 당시 내 아이들도 오늘의 손자들처럼 내 심중의 말을 잘 알아들었으니 얼마나 고마운 일인가. 요즘 손자를 보면서 할머니의 사랑도 깊어가지만, 그래도 모정이 더 깊구나 하는 걸 더 많이 느낀다. 핏줄을 타고 흐르는, 말하지 않아도 전해오는 언어들을 통하여.

그래, 그래서 나는 그저 기쁘기만 하다. 두 손을 모으고 지그시 눈을 감으니 느닷없이 뜨거운 눈물 한 줄기가 뺨 위로 주르르 흘러내린다.

HILARITY

Oil Painting on Canvas
14 × 11 inch

자국마다 남은 흔적

왠지 오늘은 게으름을 피우고 싶다. 불던 바람도 불기 싫으면 만사 제쳐놓고 잠시 쉬는 순간이 있고, 흘러가던 구름이 멈칫 아픈 허리를 쭉 펴고 숨 한 번 길게 내쉬며 가야 할 길을 아득하게 바라보는 시간을 갖듯, 오늘 나는 쉬고 싶다. 아무런 의미도 없이 그냥 쉬고 싶다.

걸어온 길도, 달려온 거리도 생각하지 않고 쉬고 싶다. 개구쟁이처럼 천진난만하게 쉬며 물 한 잔을 마시고 싶다. 아무 맛도 없는 맹물 한 잔만을 천천히.

누구나 다 마찬가지겠지만, 숨 쉬는 것마저도 잊고 부지런하게 살아온 이 세월, 뜻이 없다면 자던 잠도 내팽개치고 벌떡 일어나 걷고 뛰고 달려온 깊게 파인 숱한 내 시간들을 그냥 멈추게 하고 가만히 쉬고 싶다. 쉬는 것조차 싫어지면 '한잠 길게 자지' 하며 쉬고 싶다. 하루에 수없이 걸려오는 전화벨 소리도 듣지 않고 쉬고 싶다.

쉬고 싶다는 생각으로 서재 의자 등받이에 등을 깊게 묻고 쉬니 억지춘향 격이라 그런지 잡념이 우수죽순처럼 솟아난다. 살아온 내 발자국마다 깊게 파인 흔적들이 하이소프라노로 멋들어진 노래를 한다.

한 갑자를 두루 돌고 또 한 고갯마루를 눈앞에 바라보는 지금 나는 나에게 스스로 놀란다. 별것도 아닌 일들, 구겨지고 펴지고 다시 구겨진 것을 곱게 폈던 날들이 켜지 않은 화면에 화려하게 펼쳐진다.

보니 회한이 새롭다. 자식도 낳아 길렀고 출가도 시켰으니 할 일 한 것도 같다. 부딪치기도 하고 다투기도 하고 칭찬도 하고 질책도 하며 살았기에 사람 흉내는 내며 살아왔다. 눈물도 흘리고 웃음도 웃으며 살아왔다. 내 살아온 인생을 항목별로 분류한다면 항목도 많을 것 같고, 이렇게 정리해 보니 웃음이 난다. 참 허망한 일들이다.

1998년 가을 어느 날 둘째 아들이 아팠다. 보통 사람이 숨

쉬기를 일분에 스물세 번 한다고 하면 둘째는 서른여섯 번이나 몰아쉬었다. 가슴이 덜컹 내려앉았다. 그러나 밤이라 방법이 없었다. 내일 바깥양반은 출근을 해야 하니 한숨 눈 붙이게 하고 둘째와 내가 마주앉아 밤을 샜다. 열차 지나가는 소리가 가물가물 들리면 날이 샌다. 가지 않는 시간을 '조금만 참자' 다짐하며 따라 밤을 샜다.

'이 고통은 나에게 주소서!' 하는 일념으로 기도하며 밤을 지새우니 날이 환하게 밝았다. 마산 파티마병원으로 갔다. 비콤을 넣은 링거 500밀리그램을 맞게 하며 하루를 병원에서 보냈다. 숨을 몰아쉬던 아이가 눈을 떴다. 숨도 차츰 고르게 쉬었다. 나는 안도의 한숨을 쉬며 의술에 감사했다. 마음을 놓으니 내가 깜빡 잠이 들었다. 그리고 눈을 뜬 후 나도 진료를 받았다.

수많은 의학자들의 영혼이 내 아들의 영혼이 되어 살아난 것이다. 이런 은혜로운 일들이 뭇사람들에게 베풀어지니 사람은 모여서 잘 살게 마련인 것이다. 그래서 사람에겐 매일매일, 시간 시간 은혜 입지 않는 순간이 없고 감사 드리지 않을 일은 없다.

반면 회자정리란 말이 있듯 만나면 헤어지는 것이 정해진 이치이다. 그러나 헤어지면 아프고 슬프다. 이런 아픔이나 슬픔을 수없이 겪게 되지만, 부모를 떠나보내는 일과 동기를 떠나보내야 하는 일이 아마도 가장 큰 아픔이요 슬픔일 것이다. 집으로 비유하면 대들보나 큰 기둥을 잃은 것과 같기 때문이다.

1993년 겨울 어느 날 하늘이 '쿵!' 하고 무너졌다. 청천벽력 같은 오빠의 부음에 나는 놀라고 기맥이 막혔다. 이 아픔과 슬픔은 말로는 다하지 못한다.

내 마음의 사랑채엔 주인 없는 스토리만 영상으로 흐르고 있다. 이 영상의 어느 대목에선 살아볼 거라고 덤벙대던 내 무관심이 주인을 잃고 자책하는 대사로 흐른다. 이 대사엔 눈물이 방울지고, 방울지다 못해 줄기져 흐르다 붉은 물빛이 된다. 잔디옷을 갓 입힌 유택 앞에서 내 곡성이 소리 없이 울릴 때에 봄이 오면 마로니에와 동백을 심자며 위로하는 남편의 다정한 목소리도 들린다.

이 나무들은 향기를 뿜으며 무성하게 자랄지라도 조선 먹기와가 잘 입혀진 사랑채엔 주인이 다시 돌아와 앉질 않는다. 그 후 몇 년 뒤 홀로 말없이 떠나신 어머님의 안채 큰방도 아직 찬바람이 설렁거린다. 그 자국마다 남은 흔적은 언젠가 지워질 것이 아닌가. 헤어진 가족들은 언젠가 어디서 다시 만나게 될 것이니까.

어머니처럼

신혼시절에 잠깐이라도 시집을 살겠다고 자청하여 시어른과 함께 지낸 적이 있다. 새벽 5시에 일어나 물이 가득 찬 물동이를 이고 비틀거리며 항아리에 붓고 있었다. 분명히 엊저녁에 물이 바닥난 듯 없었는데 반쯤 채워져 있는 게 아닌가. 큰방에 시어른은 주무시고 계셨다. 물을 긷는 것이 서툴러 등 뒤로 물이 줄줄 흘러 반 동이는 옷이 먹었을 정도였다. 나중에 시누이가 귀띔을 해 주었는데 시어머니가 새벽 4시에 물을 항아리 반쯤 채우셨다고 한다.

어느 날 시아버지께서 물김치가 먹고 싶다고 했다. 나는 무와 배추를 사서 당근도, 고추도 모양을 내어 썰어 정성껏 물김치를 담았다. 시어머니가 집을 비웠기 때문에 간을 맞추는 것이 어려웠다. 나는 작은 그릇에 담아서 시아버지께 맛을 좀 봐 달라고 드렸다. "평소에 나는 달게 먹느니라. 설탕을 더 넣어라"고 하신다. 몇 숟갈 더 넣은 뒤 또 드렸더니 고개를 저으신다. 나는 설탕을 듬뿍 넣고 부엌에 두었다. 하루가 지나니 거품이 생기면서 익는 냄새가 났다. 예쁜 그릇에 담아 아침상에 놓았다. 내가 봐도 작품이다.

시아버지는 "물김치가 줄줄 흘러 숟가락에 뜨이지 않는구나." 하면서 나를 쳐다본다. 국물이 시럽이 된 것이다. 그때 시어머니가 "참 이상한 사람 다 봤소! 마음 좋은 사람은 잘 뜨이는데" 하는 것이 아닌가!

친정어머니보다 더 자상하게 며느리를 감싸주며 배려해 주는 사랑을 받고 나는 다짐했다. 어떤 고난이 닥쳐도 시어머니처럼 치마폭을 넓게 펴고 살리라.

시집가서 몇 개월 살았을까. 남편이 군대 미필자라고 교직을 그만두게 되었다. 나는 학생들 과외를 하며 공무원 시험을 쳤다. 다행히 합격해서 남해로 발령을 받고 열심히 살았다. 그해 10월에 나라 시책이 바뀌어 남편은 밀양으로 발령이 나서 주말 부부로 2년 동안 살아야 했다. 나는 고등학교에

다니는 시동생을 데리고 살며 시댁에 점수를 받기 시작했다. 시어머니는 김치와 생선을 보내 주셨는데 가자미 한 상자를 말려서 보내 주셨다. 구워 먹으니 너무 맛이 있었다. 몇 번 남편과 시동생을 챙겨 주고, 사무실 직원 술 안주로 일부 주고는 나 혼자 시나브로 다 먹어 치웠다.

남편이 "저번에는 밀감 한 상자를 먹어 치우더니 여자가 조심성이 없고…" 하며 나무랐다. 나는 능청스레 "뱃속의 아이가 엄마 생선 먹고 싶다고 졸라서 어쩔 수 없다"고 변명을 하고 첫딸을 낳았다.

그 후 4년 뒤 마산 시댁으로 왔다. 시아버지가 돌아가신 뒤 시어머니는 천식과 심장, 간 합병증으로 고생을 하였다. 우리 내외는 월급 봉투 전액을 시어머니 주머니에 넣어 드리면서 기분을 좋게 해드리려고 애썼다. 시어머니는 참으로 훌륭한 분이다.

군대 간 막내아들의 얼굴을 보고 하직하겠다고 마지막 잎처럼 여위면서도 막내를 그리며 병마와 싸우셨다. 나는 차마 그 곁을 떠나기 싫어서 새우잠을 자도 시어머니의 손을 꼭 잡고 지냈다.

드디어 시동생이 군복을 입고 휴가를 왔다. 시어머니는 "이제 원이 없다. 하동댁아 고맙다." 하면서 눈에 넣어도 아깝지 않은 막내를 둔 채 훌훌 저세상으로 가셨다. 한참 동안 시어머니가 그리웠다.

벌써 남편이 고희를 맞으니 새삼스레 내가 살아왔던 여정이 반추되어 어머니를 그려 본다.

어머니! 우리 내외 고희 여행 다녀왔습니다. 어머니가 그렇게도 안쓰러워 가슴에 두고 가신 손녀 경정이도 잘 살고 있습니다. 모든 걱정일랑 털어버리고 안녕히 계십시오. 어머니!

통행금지

그해 겨울밤은 몹시도 추웠다. 외할아버지 제사를 지내고 있는데 통금을 알리는 사이렌 소리가 요란하게 울었다. 제주들은 조용히 잔술을 따르고 음식에 젓가락을 옮겨가며 절을 한다. 툇잔술이 반쯤 채워질 무렵 나는 뒷걸음쳐서 외할머니 방으로 왔다.

"어머니! 아버지 부릅니다. 잔술 한잔 따르지요."

하고 외삼촌이 권한다. 외할머니는

"일없다."

손사래를 쳤다. 우리 어머니도 덩달아

"아버지가 어머니 절 안 하면 곧 데리고 간답니다."
라고 거들고 있다.

"누워 잠자는 듯 데리고 간다고 약속했는데 너거 아부지 까먹었나 보다."

외할머니의 재치에 화기애애한 분위기 속에서 제사는 끝났다.

새벽 한 시쯤 되었을 것이다. 우리 집으로 돌아가려면 오리길을 걸어야 하고 꼭 경찰서 앞 정문을 지나야 한다. 통금시간은 이미 지났는데 걱정이 앞선다. 오빠는 엄마 치맛자락을 꼬옥 잡고 걸었고 나는 외가에서 싸준 음식을 들고 겁도 없이 앞서거니 뒤서거니 걷다가

"으흐흐흐 귀신 나온다."

흰 이빨을 내밀면 그때마다 오빠는 몸을 움칠한다.

어느새 경찰서 앞에 다다랐다. 보초 서던 순경이 우리 앞을 가로막고

"사이렌 소리 못 들었소? 도대체 누구요?"
라고 말하자. 우리 엄마는 서슴없이

"나 개올씨다. 개가 통행금지가 있소?"

하고 답한다. 나는 몇 걸음 앞서서 집으로 향했다. 순경은

"저 애는 뭐요?"

PASSION

Oil Painting on Canvas
20 × 16 inch

말이 떨어지기가 무섭게 우리 엄마는

"아아 그 애는 강아지 새낍니다."

라고 말하지 않은가. 그때 우리 엄마는 치마를 뒤집어쓰고 얼굴을 가리고 있었다. 엄마의 순간적 기지로 통금을 모면한 얘기는 아는 사람은 다 알고 있다.

그 후 새마을 운동이 일어났고 통금이 해제되었다. 우리가 어렸을 때는 입에 풀칠만 해도 잘사는 때였다. 초등학교를 졸업하면 입을 덜기 위해 남의 집으로 가는 애들도 있을 만큼 가난하였다. 제사 음식이나 상여 뒤에서 얻어먹는 떡도 연줄이 있어야 했다.

지금은 어떠한가. 제사 음식이 골칫거리가 되어 주부들의 고민거리로 변했다. 이웃과 나눠 먹기도 조심스러워 쓰레기통에 버리는 일까지 생길 만큼 풍성한 음식 천국이 되었다. 통금을 아찔하게 넘기면서도 제사 음식이라도 챙겨주는 모정이 담긴 얘기는 추억이 되어버리고, 없어서 안 먹는 것이 아니라 있어도 맛없어 못 먹는 세상으로 바뀌었다. 세상 많이 변했다. 언제 피자와 콜라가 우리 애들의 입맛을 잠식해 버렸는가. 내 동생 가상이는

"세계적인 추세입니다. 언젠가는 음식도 동서양의 영역도 없어질텐데 우리나라 제사음식 문화도 바뀌어야 합니다."

라고 했다.

몇백 년 같은 메뉴인 생선과 나물 등의 음식에 귀신도 질렸을 것이다. 시대의 변천에 따라 평소 즐기던 갈비면 갈비, 술은 곡주만 고집 말고 고인이 즐기던 것으로 바꾸어야 귀신도 글로벌시대에 순응할 것이 아닌가. 세계적인 음식을 준비하라 한다. 가령 제주가 이태리 여행 중이면 포도주에 피자라든지 그곳을 대표하는 음식으로 제사를 지내고, 집에서 대소간 모여서 지낼 때는 우리 음식으로 마음 놓고 장소와 때에 따라서 음식 통금을 해제해야 할 것이다.

나는 지금 남편이 정해 놓은 통행금지 시간을 지키며 산다. 즐거운 비명이다. 그러나 38선의 통금은 못마땅하다.

그때 그 시절 통행금지의 추억이 떠오를 때마다 우리 어머니가 그립고 보고 싶어진다. 올해에는 어머니 산소에 가서 강아지 새끼 왔노라고 인사하고 싶다. 즐기시던 담배 한 갑, 평소 서양 냄새 난다고 했던 카스테라 한쪽 놓고 시원한 맥주 한 잔 올리고 싶다.

이승과 저승 사이의 통행금지도 해제되어 서로 오고 갈 수 있는 날이 왔으면 좋겠다.

효자손

그해 여름은 여느 해처럼 몹시 더웠다. 밤송이를 모아 모깃불을 피워놓고 오빠와 나는 역사 속의 정몽주와 이성계에 관해서 얘기하다가 토론으로 이어져 옥신각신 다투기도 했다. 지금은 향수처럼 문득문득 생각나는 그 여름밤의 얘기는 내가 중매쟁이가 되고부터는 더욱 절실하게 느끼게 되었다.

중매를 하다보면 초혼은 물론이고 재혼도 손을 대게 마련이다. 재혼을 추진하면서도 나는 혼자 사는 것이 좋은지 재혼하여 함께 사는 것이 좋은지 고뇌할 때마다 사천댁이 재혼하여 복을 누리는 모습을 보고 재혼하는 것이 더 낫다는 생각이 들었다.

사천댁 영감은 우리 동네에서 제일 부자이고 훤칠한 키에 몸집도 크고 이른바 시골의 오나시스인데, 둘은 잘 어울리는 내외간으로 손색없이 살고 있다.

모깃불을 피웠는데도 모기가 기승을 부린다. 모기가 할퀴고 간 자리에 침을 바르면서도 오빠와 나는 얘기를 주고받고 있었다. 어머니는

"그만들 해라. 이제 너희들 다 키워 놨으니 나도 내 갈 길을 가야겠다."

고 말하면서 우리들 앞에 평소 생각해왔던 결심을 밝혔다.

"내 평생 소원은 영감이 벌어다 준 돈으로 한번 살아 보는 것이다. 자식 키워봐야 제 짝 찾아 떠날테고 내 조치는 내가 해야겠기에 영감을 얻기로 했다."면서 마지막 선언을 하였다.

이 말을 듣고 오빠는 금세 눈물이 핑 돌아 고개를 설레설레 저으면서, 억울해 못 견디는 표정을 지었고 긴장하기 시작했다. 어머니는 아들의 표정도 아랑곳하지 않고 오히려 새로 얻은 영감을 모셔올테니 큰절을 해야 한다면서 새아버지 맞을 준비를 하라고 했다.

오빠는 기죽은 사람처럼 고개를 떨구고 있었고 나는 본능

적으로 힐끔힐끔 어머니의 모습을 훔쳐보고 있었다.

"너그 아버지 될 분 큰방에 있다."고 말하면서 들락날락하면서 큰방 문을 열었다 닫았다. 그리고 또 한 번 방문 여는 소리가 들리고 어머니는 마음이라도 진정시키려는 듯 전에 없이 하는 행동이 못마땅했다.

나는 의붓아버지가 어떤 사람인지 궁금하기도 했고 부아도 치밀어올라 큰방 쪽을 향해 앉아서 두리번거렸다. 오빠는 차마 눈뜨고 못 볼 것 같다며, 돌아앉아서도 한숨을 푹푹 쉬는 것이 아닌가. 나는 어떻게 하면 좋을는지 몰라 안절부절못한 채 몹시 초조해 하면서 중얼중얼거렸다. 이 사실을 못 받아들이겠다는 소리였다.

나는 어머니의 갑작스런 변화에 오빠가 괴로워하는 것을 보니 화가 머리끝까지 나서 울고 싶었다. 평소 여자는 삼종지례를 지켜야 한다고 했고, 남이 재혼하는 것을 보면 경상도서 죽 쑤는 사람이 전라도 가도 죽 쑨다는 실례까지 들면서 못마땅해 하지 않았던가.

일부종사를 구구절절이 말하던 어머니도 별수 없구나. 아직도 나는 고등학생이고 오빠는 대학 2학년인데 다된 밥에 콧물 빠지는 격이구나 하는 생각이 들면서 실망하고 말았다. 자식도 가문의 체면도 무시하고 일방적으로 어머니 뜻대로 재혼하겠다고 사전 의논도 없이 새 영감을 감히 큰방까지 데려다놓으면서도 우리가 눈치를 못 챌 만큼 완벽하게 내연의 관계를 맺어왔단 말인가. 나는 의붓아버지와 같이 살 것인지 차라리 고아처럼 살 것인지 고민할 수밖에 없었다. 새 영감 나오기만 해봐라! 망신을 어떻게 줄까 하고 나는 벼르기 시작했다.

"어머니! 무슨 큰 태산 떼왔어요. 그 잘난 영감 퍼뜩 데리고 나오시오."

라고 공격적인 말투로 고함을 질렀다. 그때다.

"막내라고 내 귀한 영감 뺨이라도 한대 칠 셈이냐?"

하고 눈을 부릅뜨고 어머니는

"너그 아버지 여기 있다!"

하시며 '효자손'을 우리들 앞에 내밀었다 나는 정말 한 대 맞은 기분이다. 앞으로 우리 아버지는 다름 아닌 효자손이 되지 않겠는가. 기가 막혀 쳐다보고 있는 우리 남매를 향해서,

"너희들 상처받을까봐 재혼은 안 할테니 안심해도 돼! 염려 말고… 큰절이나 해!"

하시며 야단이다. 오빠는 효자손과 어머니를 번갈아보며 손을 싹싹 빌면서

"어머니 고맙습니다. 효자손도 고맙습니다."

하며 제발 어머니 재혼하지 말라고 빌면서 울고 있었다.

지금은 모깃불을 피워가며 정을 나누던 어머니도 오빠도 영영 세상을 떠났다. 또 엄마가 뿌린 삼 남매 중 언니마저 하늘나라로 갔다. 여름밤은 깊어 가는데 어디서 모기향 피우는 냄새가 난다. 효자손으로 등이나 한번 긁어야지….

SEQUENCE

Oil Painting on Canvas
18 × 18 inch / 2pcs

타임머신

보름 밥을 짓기 위해 밤을 깎았다. 칼끝으로 껍질이 단단하게 느껴지는 밤은 한쪽에 미루어 두고, 연한 껍질의 밤의 껍질을 먼저 벗긴다. 한 톨 한 톨 밤껍질을 벗기다 보면 시계는 내 마음을 아는지 거꾸로 돈다. 그리운 기억과 아픈 추억들 속으로 되돌아가는 타임머신. 나는 이 추억의 타임머신이 돌 때마다 남몰래 눈시울을 붉히며 숙연해진다. 칠순이 다 된 지금에도.

싱싱한 밤은 어머니 밤, 벌레 먹은 밤은 어머니 밤, 썩은 밤도 어머지 밤. 일곱 살 된 목소리로 나는 흥얼거리며 이젠 세상을 달리하신 어머님의 품속으로 든다.

어릴 적 밤은 어머니와 오빠와 내 생명이었다. 밤은 하얀 쌀밥이 되었고, 검정 고무신이 되었고, 내 때때옷이 되었다. 오빠와 나의 연필이 되었고, 책가방이 되었고, 지우개가 되었다. 밤은 우리들의 키도 키웠다. 반면 내 어머니의 손가락 마디를 억세고 굵게 만들고 허리를 꼬부라지게 만들었다.

초여름이면 집 뒤엔 연노란 밤꽃이 핀다. 필 만치 피었다가 땅에 떨어지면 밤꽃은 갈색이 된다. 이 갈색 꽃들은 모깃불이 된다. 성가시게 날아드는 모기떼를 쫓는 길은 이 방법이 최선이다.

시커먼 모기들은 침을 곤두세우고 몰려들다 밤꽃 연기에 줄행랑을 친다. 하루종일 일에 지친 어머니 허리 좀 펴시라고 꼬막손으로 주워 모은 꽃으로 모깃불이 잘 지펴지라고 불옆에 쪼그리고 앉아 있다. 그럴 때면 어느샌가 눈을 뜨신 어머니가 나를 부른다. "정금아, 그만 모아두고 오너라. 자자!" 하신다. 나는 어머니 팔을 베고 누워 어느새 잠이 든다. 어쩌다 눈을 떠보면 어머니가 언제 일어나셨는지 불을 지피고 계신다. 나는 어머니 등 뒤에 앉아 "엄마! 안 자?" 하면 "나 다 잤다. 더 자거라!" 하신다. "나도 다 잤다." 하며 어머니의 등에 볼을 붙이고 어머니를 껴안듯 하고 모깃불을 쐰다. 시어머님이 "애야, 너 밤 예쁘게 잘 깎는다." 하시는 말씀이 들린다. 문득 번쩍 정신이 들며 현실로 돌아온다.

어머니께서 밤꽃이 피어 모여드는 벌떼를 보고 "올해는 풍년이구나." 하시면 풍년이고, "쯧쯧, 올해는 풍년이 안 되겠다." 하시면 영락없이 풍년이 못 되었다. 이렇게 우리 가족의 생명이었던 밤나무가 이제는 몇 그루 없다. 명절이나 제사에 쓸 정도의 밤만 있으면 되는 세상이라 고생하며 하루 종일 밤나무에 매달릴 필요가 없기 때문이다.

내려다보니 목덜미가 아프다. 허리를 펴고 잠시 쉬다 다시 밤을 깎는다. 깎으면서 타임머신을 타고 어릴 때의 내 고향 하동으로 달려간다.

새벽 일찍 일어나 밤밭을 돌며, 가지치기할 나무와 해 거르는 나무는 새끼줄로 감아 두고 돌아온 어머니가 마루에 앉아 풋밤의 하얀 껍질을 깎고 있다. 깎은 풋밤을 모아 끓는 밥에 얹어 마저 밥을 짓는다. 잘 익은 밤밥을 고이 떠서 삼대독자 오빠 밥그릇에 소복하게 담는다. 옆에서 보고 있던 나는 떨어지는 밤톨을 주워 오빠 밥그릇에 얹는다. 우리들이 모여 앉아 밥을 먹고 나면 어머니는 다시 밤밭이 있는 산으로 일하러 가신다. 아버지가 안 계시는 우리 집은 어머니가 상일꾼이다.

또 저녁식사 때가 되면 과수원 옆 밭에서 가져온 채소를 겉절이하시고, 호박은 부침개를 하신다. 오빠 상엔 계란 부침개를 얹어주고 어머니와 나는 밀가루 부침개를 먹는다. 어머님의 이 정성도 예사 정성이 아니고 나도 어머니의 그 정성을 그대로 따라하며 살았다. 그래선지 아들이 둘인 나도 역시 어머니처럼 산다.

돌이켜 보면 어제 같은 날 사라호 태풍 같은 바람이 불었다. 밤나무 가지들이 부러지고 동네 친구들은 이 가지들을 몰래 들고 가서 풋밤을 까먹었다. 나는 그 풋밤을 다시 뺏어왔다. 이걸 본 어머니는 나를 칭찬하지는 않고 오히려 꾸중을 했다. "이럴 때에 네 친구들이 풋밤이라도 공짜로 먹게 두지!" 하며. 요즘 가만히 생각해 보면 멋진 어머니셨다. "나도 닮았나?" 하며 피식 웃는다.

깎던 밤이 문득 오빠가 되어 학사모를 쓰고 눈앞에 선하게 나타나 웃는다. "그래, 맞다. 오빠의 학사모가 밤이고 밤이 학사모 맞다." 하며 밤 깎던 손을 멈추니 "정금아, 너는 내 딸 맞구나. 예쁘게 잘 깎았다." 하시며 어머니가 싱긋 웃는 표정을 짓는다.

그러자 시어머니께서 "다 깎았나?" 하시며 다가와 놀라신다. 갓 시집온 젊은 며느리가 법도에 맞게 제사상에 올릴 밤을 잘 깎았다며.

타임머신을 탄 듯한 추억 속에서 돌아와 나란히 누워 있는 쌍둥이 손녀들을 바라보니 방긋 웃으며 깊은 잠에 들어 있다. 나도 웃는다. 그러면서 중얼거린다. '그래, 어제가 그리운 현실이면, 오늘도 기쁜 현실이다!' 하고. 그런데도 왠지 내 양 눈시울은 축축해진다.

밤

바람이 불고 날씨가 제법 쌀쌀하다. 겨울 밤은 요즘엔 더 춥고 쓸쓸하다. 날씨가 계절 따라 그런 것이 아니라, 내 마음이 겨울이라 그런 것 같다.

횡단보도를 지나 바쁜 걸음으로 집으로 향하던 중 인적도 잠시 끊긴 어둑한 거리에서 "맛 좀 보고 마수 좀 해 주이소!" 하는 말이 들렸다. 이 밤에 뭔가 싶어 다가가 보니 젊은 청년이 밤을 구워 팔고 있었다.

나는 청년에게 물었다. "어디에서 가져온 밤이요?" 하고. 그는 "하동 청암 밤입니다." 했다. 나는 오천 원권 지폐 한 장을 꺼내주며 "돈 만큼만 주면 돼요." 했다. 그 청년은 몇 톨인지 봉지에 담아 주었다. 밤톨의 따스한 훈기가 나를 데리고 내 고향 하동 우리 집 밤밭으로 간다.

넓은 밤밭이 환하다. 꽃들이 활짝 피어 그런 것이다. 검정 고무신을 신고 밤밭 입구에 들어서니 어머니가 웃으며 "야야, 올해는 풍년이다." 하셨다. 나는 "엄마 와 그렇십니꺼?" 하고 물었다. 어머니는 "저 날아다니는 벌들을 봐라. 저렇게 많은 벌들이 분주하게 날고 드니 틀림없이 올해는 풍년 아이가." 하셨다. 그러다가 눈 깜빡하는 사이에 밤꽃들은 없어지고 고슴도치 같은 밤이 주렁주렁 열려 있었다.

"봐라! 풍년 맞제?" 하며 밤나무를 바라보는 어머니는 밝은 웃음을 지으셨다. 그때에 우리가 온 줄 알고 즐거워서 그러는지, 풍년이라는 말에 자랑한다고 그러는지 내 주먹보다 큰 밤 하나가 '툭' 하고 내 발등으로 떨어졌다. 내가 소스라치며 놀라니 어머니가 얼른 내 발등을 두 손으로 눌러서 짜 주시며, "새빠질 놈의 밤이 하필 여기에 떨어지노!" 하시며 나를 업고 언덕배기를 쏜살같이 내려와서 나를 마루에 앉혀 놓고 가마솥에 물을 부어 따뜻하게 한 후 수건에 그 물을 적셔 발등을 감싸주셨다. 아픈 통증이 멎고 이 따뜻한 어머니의 온기가 내 온몸을 데우기 시작했다.

CREATION 1

Oil Painting on Canvas
20 × 16 inch

손이 더 따뜻했다. 이때 정신을 다시 차리니 군밤의 열기가 내 손 안에 있었다. 속으로 중얼거렸다. '저 청년이 많이 팔고 빨리 들어가야 할텐데……' 하고. 가만히 생각해 보니 하동 밤이라는 그 말에 나는 젊은 청년에게 친근감이 생겼다.

옛날로 돌아가 보면, 내가 칠순을 바라보며 건강하게 잘 살고 있는 것도, 손가락 마디가 굵고 억세진 어머니의 고달픈 아픔의 은혜거니 하고 되새겨진다. 어머니는 지금 내 나이보다 조금 빨리 세상을 뜨셨는데, 이 은덕이 나를 이 나이에도 청춘 같이 만들어 놓았구나 생각하니 눈물이 핑 돈다.

인간이 사는 한평생이란 것도 참 어쭙잖고, 부질없게 느껴진다. 얼마 아닌 이 생을 인간이라면 이를 악물고 살아서는 안 되는 일인데 하는 마음까지 따라 드니 이 겨울이 나에겐 더 춥고 더 쓸쓸하다.

흙을 파며 허리가 휘도록 사시다 떠난 어머니는, 떠나는 그 날까지 당당하시게 사셨다. 그 어머니는 문득 쓸쓸해지는 내 마음을 회초리로 후려치며 "정금아! 너 힘 안 낼래!" 하고 버럭 고함을 친다.

어릴 적 언제인가 태풍이 몰아치는 날 잠을 설치고 하늘이 빤해지자 밤밭이 걱정되어 산으로 달려갔다. 가서 보니 크고 작은 가지들이 찢어지고 부러져 엉망진창이 되어 있었다. 이 광경에 어린 나이에도 마음이 덜컹 내려앉아 이 가지를 부둥켜안고 울던 일이 동영상으로 돌아간다.

또 어떤 날 밤 따러 산에 갔다가 이곳저곳 밤나무 가지들이 부러져 흩어져 있고, 잘린 가지들 중 일부는 온데간데없이 사라지고, 풋밤 껍질들이 여러 군데에 널려 있어 이는 분명 밤도둑이 왔다간 흔적이구나 하고 판단했다.

나는 기를 쓰고 흩어져 남아 있는 밤나무 잎을 따라 가다 보니 동네 친구 아이들이 풋밤을 까먹고 있었다. "왜 우리 집 밤을 따가며 밤밭을 망쳐 놓았느냐."며 고함을 질렀다.

이때 내 등 뒤에서 "야들아, 밤은 따먹어도 가지는 꺾지 마라. 올해는 너거들이 밤을 맛있게 먹었으니 내년엔 나도 좀 먹게 밤나무엔 손대지 마라." 하는 조용하게 타이르는 목소리가 귀에 익었다. 그리고 나를 보고 "막내야, 가자. 도둑 맞아도 주인 먹을 건 있단다." 하여 돌아보니 어머니였다.

이 말씀은 아직 내 귀에 쟁쟁거리고 이 나이 되도록 아주 사소한 것에 지나지 않지만 봉사활동을 간간이 하는 내 정신의 기반이 되어 있다. 말로 다하지 못하는 어머니의 가르침이 나를 사람답게 살게 하는 힘이고, 사람들의 딱한 사정을 보거나 들을 때면 그저 내 마음이 아파 그냥 넘길 수 없다. 아마 어머니의 영향이라 요즘은 더욱 깊이 느끼며 사람답게 살려고 노력한다. 나는 나 외의 사람들을 위해 기도하는 습관이 버릇이 되어 있다. 내 아이들에게도 어머니 같은 엄마가 되어야 한다며 다짐하곤 한다. 아! 어머니의 위대한 힘이시어.

얼마 전 고향 하동엘 갔더니 이런 수많은 사연과 나의 혼이 책으로 치면 어느 대학 도서관 서적보다 많을 밤밭들이 찾아볼 수 없을 정도로 사라져 버리고, 돈이 된다는 녹차 밭으로 변모해 있었다. 이때 내 마음을 회오리치는 그 무엇은 하나의 깊은 회상으로만 남는다. '그래, 세월은 세월이다' 라는 말을 혼자 중얼거려 본다.

이런 생각에 젖으며 길을 걷다 보니 봉지에 든 밤이 거의 다 식어간다.

"밤 사이소. 맛있는 하동 청암 밤입니다. 얼른 사가이소."

청년의 밤 사가라는 목소리가 아직도 아련하게 울린다.

허공에 쓴 편지

청명한식날 올케언니와 함께 어머니 묘소에 잔디를 입혔다. 어머니에게 고운 한복 한 벌 해 드리는 마음으로 잔디를 입힌 뒤, 둘이는 유택을 돌며 잔뿌리 하나 드러나지 않도록 흙에다 눈물과 회한의 반죽으로 다독거려 덮었다.

어머니의 뱃속에서 나온 딸자식보다 지아비를 먼저 보내고 홀어머니를 정성스럽게 모셔온 올케언니의 지극한 정성에 나는 더 진한 감동을 받는다.

조선의 여인들은 누구나 시집을 가면 시부모를 모시고 평생을 산다. 이것이 나의 길이라 여기며 오직 한 길로 살아간다. 올케언니도 그렇게 살았다. 언니는 시어머니와 함께 밤산을 오르내리며 허리가 휘고, 손마디마디가 억세고 굵어지도록 어머니를 봉양하며 살았으니 그 깊은 정을 출가외인인 딸자식에 비하랴. 기껏한다는 말은 "언니, 고생했소!" 하는 정도가 아니던가. 어쩔 수 없이 희끗희끗해지는 흰 머리카락 사이에 마음을 고이 묻어둔 채 언니도 나도 이젠 노경에 들어가고 있다.

무덤을 아무리 다독이고 어머니를 불러본들 무슨 소용 있겠는가. 어릴 때처럼 어리광도 부리고 투정을 부리고 싶어도 어쩔 방법이 전혀 없다. 어머니는 평소 위트가 넘치는 분이었다. 꾸지람하는 것도 위트 있는 말로 하셨으니 돌이켜보면 어머니는 시인이고 수필가이며 소설가였다. 당신의 삶을 책으로 엮었더라면 한 권의 철학서가 되었을 것이다. 그래서 나도 몇 줄 어설픈 글귀로 그리운 어머니에게 편지를 써보기도 했다. 그러면 내 마음 조금은 풀릴까 싶어.

어머니! 아들을 먼저 보내고 난 뒤 하늘이 무너지고, 땅이 꺼질 듯 한 아픔을 가슴에다 차곡차곡 묻기만 하시더니 이제 아들을 만나러 가셨습니까.

어머니의 평소 행적을 손톱만큼도 흉내조차 내지 못하고

그저 어머니 생전 모습만 그리다가 오늘 잔디를 입히고 어머니 곁에 앉아 파란 하늘 저 허공에다 편지글을 띄워봅니다.

세월이 흐를수록 문득 문득 눈앞에 선한 어머니, 이승과 저승은 비록 다를지라도 혹시 뵈올 수나 있을까 싶어 저승에서 들리도록 마음 깊이 불러봅니다.

살아생전 어려운 일이 엄습해 오면 의연한 마음으로 실타래를 풀듯 잘 풀어내시던 어머니, 어려운 일이 느닷없이 밀려들면 오히려 넉넉한 여유가 넘치고 지혜로운 기지가 번쩍이던 어머니, 이젠 편히 쉬십시오.

어려운 이웃에겐 이것저것 따지지 않고 나누어 주시던 어머니, 떠나신 세월이 많이도 흘렀지만 지금도 어머니 음덕을 흘러간 옛 이야기처럼 이웃 그분들이 아이들에게 들려주고 있습니다. 어머니, 이 이야기를 간간이 들을 때면 남아 있는 저의 마음이 눈물겹도록 뿌듯합니다.

손님이 찾아오면 사는 형편대로 김치와 된장국으로 우리와 같이 소찬을 차리며 담소하던 어머니, 그런 소찬이 오히려 두터운 인연이 되어 그분들의 입에선 어머니가 담그신 김치 맛이 우러나오고 된장국이 그분들의 마음에서 구수하게 끓고 있습니다.

언젠가 제 집에 오실 때 이웃지기 점방 집 아줌마를 모시고 같이 오신 일이 있었지요. 그때 어머니께서 말씀하셨지요.

"야야, 나는 딸이 있어 이렇게 다니는데, 점방 네는 자식이 없어 서운해 할까봐 같이 왔다." 하시던 말씀과 이틀 밤 계시다 떠나실 때 "야야, 나하고 똑같이 차비를 주라. 그래야 복 받는다." 하시던 말씀, 어떤 때엔 만 원짜리 지폐 석 장을 봉투에 넣어 드리면, "야야, 십만 원이 되도록 좀 채워봐라! 나 죽고 나면 울지 말고, 병풍 뒤에 숨겨 놓으면 뭐 하겠노?" 하시며 넌지시 억지 같은 말씀을 하시던 그 당당하던 모습이 선합니다.

"그래싸도 너하고 내가 나누면 오만 원 아이가? 부모 자식 간에 흥정이 왠 말이냐?" 하고 웃으시며 딸 살림을 걱정하시던 어머니,

"여자는 별것 아이다. 여자란 머스마 각시 되는 게 으뜸이야! 인생이란 1도 되고 2도 되는 기다. 알겠나?" 하시던 숨은 지혜로 하신 말씀이 아직도 귀에 쟁쟁합니다.

어머니!

"야야, 너 온 김에 사흘 밤만 자고 가면 좋으련만." 하시던 말씀을 내가 많이 모자라서 어머니의 심정도 모르고 머뭇거리다 일어나니,

"박 서방이 에미보다 좋긴 좋나 보다. 어서 가거라." 하시

며 돌아누우시던 어머니, 그 후 다시 찾아뵙기도 전에 떠나셨으니 아픈 마음 이루 헤아릴 길 없습니다. 무지한 딸년의 소치입니다.

저도 이젠 늙어 갑니다. 언젠가 저 세상에 가면 어머니를 다시 만나 옛날처럼 등도 두드려 드리고 다리도 주물러 드리며 도란도란 얘기도 하고, 응석도 부릴까 합니다.

아마 그날이 오면 어머니의 한도 풀어드리고 어리광을 부리며 사랑을 받고 싶습니다.

CREATION 2

Oil Painting on Canvas
20 × 16 inch

화풍단 이야기

고물차들이 흙먼지를 흩뿌리며 신작로를 내달리던 시절을 간혹 생각해 본다. 중앙분리대는 물론 인도나 차도가 따로 없고, 상하행선의 구분이나 신호등 하나 없는 길, 그래도 그 때는 사람도 달구지도 트럭이나 버스들이 서로 양보하며 잘 다녔다.

1960년대는 ○○한의원, ○○한약방이란 간판이 읍내에 많았다. 거기 가면 침도 놓고 뜸도 뜨고 첩약을 지어 주기도 하였다. 의료면허증을 걸어놓은 집도 있지만 그렇지 못한 집도 있었다. 늦은 밤이나 새벽녘에 갑자기 아이가 경기가 나면 이웃집 할머니를 찾아가 손가락 혈을 따 위급을 면한 일도 많았다.

옛날에는 명의도 많았지만 무면허 한의원이 환자들을 진맥하고 약을 처방하기도 했다. 나의 아버지는 생전엔 한의사였다. 많은 분들에게 신뢰를 받고 어려운 이웃들에게 무료봉사도 많이 하셨다. 그러나 아버님이 세상을 떠나시고 나니 생계가 암담했다. 살아생전에 의사로서의 본분을 다하며 사시다 보니 집안이 별로 넉넉하지 못했던 것 같다.

생각 끝에 어머니는 등 너머로 익힌 아버지의 의술을 바탕으로 화풍단이란 소화제용 환약을 만들어 팔았다. 그 덕에 어린것들을 키우고 공부도 시키셨다. 어릴 때 어머니의 일을 돕는다며 환을 같이 비비기도 했다. 아버지의 처방이어서인지, 어머니의 화풍단은 효과가 좋았던 것 같았다. 돈을 받고 팔 때도 있지만, 어려운 사람에겐 그냥 주기도 했다.

어머니 덕에 나는 공부를 마치고 부산에서 직장생활을 하고 있었다. 객지에 나와 있어도 언제나 고향 집은 내 가슴 깊이 묻혀 있었다. 그러던 어느 날 연락이 왔다. 어머니가 경찰서에 연행되어 갔다는 것이다. 넉넉하지 못한 형편에도 약을 팔아 배고픈 이웃들에게 밥도 주고, 쌀도 사주며 '이웃과 고통을 같이하며 사시던 분이 무슨 죄를 지어 이리 되셨는가'

하고 억장이 무너지는 충격을 받았다. 아무래도 환약을 지어 판 것이 화근인 것 같아 매우 놀랐다.

고향 집으로 부리나케 달려가 혹시나 하고 어머니 방문을 여니 주인 없는 빈 방이었다. 가슴이 덜컥 내려앉았다. 정말 교도소까지 가셨나? 창살 너머에 앉아 계실 어머니를 생각하니 기가 막혔다.

그렇게도 그만두시라 말렸었는데 어찌해야 한단 말인가. 혼자 중얼거리며 살아온 세월이 영화처럼 눈앞에 펼쳐지고, 어머니의 아픔과 내 설움이 끓어 눈물이 용암처럼 내 볼을 타고 흘러내렸다. 평생 허리 한 번 못 펴보고 땅 파고 산을 헤매시며 살아오신 어머니.

결코 짧지 않은 생에서 얼굴 한 번 안 붉히시며 사신 어머니가 아니던가. 그런 중에 순간 영화의 주인공처럼 환하게 그림처럼 웃고 계신 어머니가 보였다. 정확한 사연을 들어보려고 어머니와 절친한 이웃 구멍가게 아줌마를 찾아갔다. 문을 열고 들어서는 순간, 아무 일 없다는 듯 어머니가 나를 빤히 보시며 오히려 꾸중을 하신다.

"너, 뭣 하러 왔나! 바쁜 업무를 두고 쯧쯧!"

"나 이렇게 편하게 앉아 있질 않나?"

조금 전 눈앞에 선하게 보이시던 모습보다 더 환한 표정을 지으시며 평온한 듯 앉아 계셨다.

자초지종을 들어보니, 한 집 건너에 사는 분이 고발하여 생긴 일이라 하셨다. 어머니는 "내가 순사 무서우면 우찌 살아왔겠노? 너희들을 어찌 키우기나 하고! 배 아픈 사람 낫게 한 것이 무슨 죄가 되나? 내가 몹쓸 짓을 했나? 못된 도둑질을 했나? 아직 내 지은 약 먹고 탈난 사람 못 봤다!" 하셨다. 이때처럼 당당하신 어머니의 모습은 본 일이 없다.

"경찰서에 내 발로 갔다 왔다. 조사를 받는 순간 마침 황서장이 순시를 하다가 나를 보고 '모친 우짠 일로 왔습니까? 기억 잘 안 나시지요? 귀동이 아비 황순경입니다.' 하더라. 여기에 오게 된 이야기를 하고, 우스갯소리로 옛적에 귀동이 아범도 화풍단 만들 때에 나를 거들지 않았나. 당신도 공범 아이가? 하고 한바탕 웃었지. 그랬더니 웃으며 나를 경찰서 밖으로 바래다주더라."

어머니는 애써 여유롭게 말씀하시지만, 나는 오히려 가슴에 긴 침이 깊게 꽂히는 것을 느꼈다.

사사로 성형을 한 어느 부인이 성형 시술해 준 무면허 의사에게 주민등록증을 보자고 했더니 혼비백산 달아나 버려 수술비도 주지 않았다는 이야기가 생각났다. 얼마나 겁을 먹었으면 시술도구도 둔 채 달아났을까. 내 어머니처럼 그 의사는 당당하지 못했던 거란 말인가. 입맛이 쓰다.

창문을 열고 먼 하늘을 바라다본다. 티 한 점 없는 파란 하늘에 흰 구름 하나 바람에 둥둥 떠간다. 오늘따라 어머니가 몹시 그립다.

전설 같은 이야기

한 살 한 살 나이가 쌓여가니 왠지 요즘은 오래 전 쓴 일기장에 자주 손이 간다. 오늘도 한 권을 집어 펼쳐 본다. 읽고 읽다 눈물이 핑 돈다. 정신을 가다듬고 다시 읽어본다.

서기 1997년 7월 7일 나는 하동을 다녀왔다. 어머니를 뵙고 돌아오는 내 마음은 마치 손에 들고 다니는 물건을 놓고 온 것처럼 뭔가 허전하고 서운하다. '50대에 든 나이답지 않게 오늘따라 왜 이럴까?' 하며 시외버스를 타고 마산으로 돌아왔다. 오는 도중 차창에 흐흘러가는 풍경을 건성으로 흘리며 어머니를 생각했다.

초등학교 5학년 때의 일이다. 어머니는 나에게 효를 알고 효를 다하면 풀리지 않는 일이란 없다고 하셨다. 그러면서 허리에 차고 계시는 이야기 줌치를 열어 한 가지 이야기를 풀어내셨다.

우리들에게 어사 박문수로 잘 알려져 있는 이분이 고을 원님으로 있을 때, 어느 날 고갯길을 넘어가다 보니 저 멀리 내려다보이는 밭에서 젊은 남녀가 서로 교대로 마주보고 절을 하고 있었다. 궁금하게 여긴 원님은 가까이 다가가서 물었다.

젊은 남자가 원님에게 아뢰었다. 두 사람은 부부였다. 남편이 아내에게 아내의 깊은 효심에 감동하여 그 은혜에 감사하다며 절을 하니 아내는 남편의 은혜로운 마음에 감사하다며 남편에게 절을 하고 있었다는 것이다. 감사하다며 서로 절을 멈추지 아니하다 원님을 만난 것이라 했다.

이유인즉, 두 부부가 이른 아침부터 밭일을 하다 중천에 걸린 해를 보고 집에 계시는 시어머님에게 점심도 차려드리고, 애 젖도 한 통 먹이고, 남편 점심도 챙겨올 겸 아내가 집으로 갔다. 집에 온 며느리를 보고 시어머니가 "애야! 내가 닭 한 마리를 고아 놓았다. 애비도 갖다 주고 너도 한 그릇 먹어라." 하더라는 것이다. "예" 하고 대답을 하고 부엌에 가서 솥뚜껑을 열어보니 넉 달 된 여식아이가 들어있더라는 것이다.

놀란 젊은 아내는 눈물을 감추고 죽은 자식은 땅에 묻고, 솥을 깨끗하게 씻은 후 점심밥을 지어 가져오느라 시간이 많이 지체되었다는 것이다. 아내는 남편을 위로한다며, 자식은 다시 낳으면 되니 마음을 푸시라고 말을 하더라는 것이다. 그러면서 시어머니가 노망 드신 줄 몰랐던 자기 불찰을 용서해 달라며 흐르는 눈물을 감추느라 노랗게 질린 얼굴로 남편에게 절을 하더라는 것이다.

이 일은 자기 잘못으로 생긴 일이라 남편은 아내의 절을 받을 수 없다며 아내에게 절을 하니, 아내는 더 미안하다며 다시 절을 하더라는 것이다. 그래서 절을 받을 수 없다며 남편이 아내에게 절을 다시 하던 중이라는 것이다.

자식을 잃은 것도 서로 자기의 잘못이라 하고, 노망 든 어머니를 보살피지 못한 것도 서로 잘못이라 하니 원님은 "우리 고을에 이렇게 효심이 극진한 부부가 어디 있겠냐."고 하며 큰 상을 내렸다는 이야기이다.

그래, 요즘 생각해 봐도 어떻게 해석해야 하는 일인지 난감한 이야기이다. 자식을 잃은 마음은 말로 하지 못하는 아픔인데, 오히려 자식 잃은 일이 자신의 불찰에서 비롯되었다고 생각하는 이 마음을 요즘은 어떻게 봐야 할지, 노망 든 어머니의 무참한 일을 어떻게 또 봐야 할지 말로 표현할 수 없다.

그러나 이 이야기에서 어머니의 깊은 마음을 읽을 수 있다. 효는 그 근본이 성심이며, 세상의 일에 성심을 다하면 이루어지지 않는 일은 없다는 그 마음을. 옛말처럼 '지성이면 감천'이라고, 정성을 다하면 하늘도 감동하여 돕는다는 말이 있듯 하물며 사람의 마음이야 말할 것이 있는가 말이지. 그러고 보면 효는 풀어내지 못하는 일은 없다는 건 분명한 일이다. 또 어머니는 이 효를 몸소 실천하시며, 자식들에게 무언의 교훈을 아주 깊숙이 남기셨다.

한 가지 예를 들면, 어머니는 우리 삼남매를 데리고 일 년에 서너 번은 선산엘 다녀왔다. 하동읍에서 30리나 떨어진 고전면 성천리까지, 그것도 걸어서. 적량면 고전리 보통 돌다리 동네를 지나 신월, 전도를 거쳐 간다. 고전면 냉정마을에 들러 샘물도 한 바가지 마시고, 박하사탕도 까먹으며 콧노래를 불러가며 선산에 당도한다.

이렇게 매년 다니다 보니 알게 모르게 선조님들을 공경하는 일은 생활의 일부가 되었다. 마음 깊이 심어지는 이 일은 효가 무엇이며, 효를 다하려면 어떻게 해야 한다고 귀에 못이 박히게 듣는 일보다 더 큰 공부라 할 수 있다. 또 이런 마음으로 자란 사람은 효의 실천을 강요할 필요도 없다. 효는 자연스레 이루어지는 일이니 이런저런 어머니 생각을 하다가, "엄마, 내 커서 돈 많이 벌어올게." 하면 효자 딸 났다며 "나는 밥 안 묵어도 배 부르다."고 하시던 그때로 돌아가서 어머니 손 꼭 잡고 놓지 않겠다는 생각이 불현듯 든다. "엄마!" 하고 목이 터져라 한 번 불러도 보고 싶고.

이렇게 읽어가다 다음 쪽을 보니, 이틀 뒤 나의 심경이 쓰여 있었다. '오늘은 왠지 팔에 힘이 없다. 허전해서 못 견딜 것 같다. 마치 파리약 먹은 것처럼. 오전 10시쯤 집에 왔던 차 여사를 전송하고 돌아오니 11시가 다 되었다. 이때 하동 친정어머니 별세 통보가 왔다. 올 것이 왔구나! 내가 힘이 빠지던 그 순간 아마 엄마 혼이 왔던 것 같다. 엄마~'

여기까지 읽다 밖을 바라보니 흰 구름이 둥둥 떠가다 스르르 풀어진다. 풀어지던 구름의 흔적이 다 사라진 멀건 하늘을 바라보며

'15년이나 된 일이……'

하며 중얼거린다. 나도 모르게.

CREATION 3

Oil Painting on Canvas
20 × 16 inch

올케 언니

한 삼 년 지나 오래간만에 친정에 잠시 들렀을 때였다. 한밤중이 되었을 때 느닷없이 대문 두드리는 소리가 났다. 기와집 할머니가 제삿밥을 가지고 왔다. 요즈음 사회에서는 참 보기 드문 일이다.

"정금이 왔구나, 시누올케끼리 정을 나누며 잘 먹으시오."

하고 돌아갔다.

그 순간 어렸던 시절이 기억났다. 그때 친어머니도 제사가 있는 날이면 우리 식구는 덜 먹어도 집집이 날이 새도록 음식을 나누어 주던 모습이 선하다. 할머니도 어머니와 둘도 없는 친구라 친어머니를 뵙는 것 같았다. 돌아가는 할머니의 뒷모습을 보면서 이제 늙어가는 내 모습도 보이는 것 같았다. 그래서 슬쩍 언니의 얼굴을 바라봤다. 그 순간 언니의 얼굴에 잘 보지 못했던 굵은 주름을 읽게 되었다.

나는 겸연쩍어

"언니 오늘이 보름인가? 달도 대낮같이 밝네요!"

하며 언니 따라 음식을 같이 들고 방으로 들어갔다. 그때 언니도

"그래 유별스레 달도 밝네. 시누가 얼굴이 밝아서 달도 이렇게 밝는 갑다."

하며 싱긋이 웃었다. 나는 언니의 그 모습에서 하늘 같은 언니의 마음이 읽어졌다. 반면 구름 한 점이 내 눈앞을 흘렀다.

오빠를 보낸 지 15년이 지났구나 하고 마음속으로 손가락을 꼽아 봤다. 그때 내 눈에는 눈물이 비쳤다. 내 귀에

"그 양반(나의 오빠), 제삿밥 참 좋아했는데… 잠도 안 자고 제삿밥 올 때까지 기다리던 그때가 눈앞에 선하네."

하며 뭔가 서운한 마음이 흘러 나왔다. 그런 나의 올케 언니는 남편이 죽었을 때는 차마 소리 내어 울지 못했다. 언니가

"죄가 많아 남편을 빨리 보낸 것 같구나."

하며 슬픔을 감추지 못했다. 그런 언니가 시어머니가 세상을 떴을 때에는 누구도 하지 못한 눈물을 흘리며 통곡하였건만, 오늘에 와서도 남편에 대해서는 이렇게도 마음을 가다듬고 있었다.

3대 독자였던 나의 오빠는 살아생전 언니의 마음을 따뜻하게 해 주지도 못했고, 자신만 생각하며 일생을 보냈다. 그런데도 오빠에 대한 마음은 그와 반대로 여전했다. 이 모습은 우리나라 전통사회를 이해하지 않으면 알 수 없는 일이다. 참 대견한 언니구나, 하고 지금도 그렇게 여긴다.

돌이켜보면, 오빠의 살아생전에 오빠와 나와 언니는 학교로 치면 동문이다. 그런데도 언니는 빼고 오빠는 "정금아, 동창회 가자" 하면서 둘이만 가곤 했다. 지금 생각해 보면 나에게도 큰 잘못이 있었다. 한번이라도 "오빠, 언니도 가야지!" 했더라면 지금 내 마음이 덜 아팠을텐데, 그때는 왜 그랬을까? 하는 철없던 시절이 생각나니 오히려 언니에게 미안하기보다는 하늘같이 여겨진다. 나에게는 지금까지도 그런 내색은 전혀 없었다.

오빠가 떠난 이후 언니는 힘겹게 살았다. 김자반도 만들어 팔고, 녹차도 만들어 팔며 자식들의 뒷바라지에 혼신의 힘을 다했다. 그 결과 큰 조카는 박사가 되었고, 나머지 조카들도 그 힘으로 앞길이 열려가고 있다. 뿐만 아니라 오빠 대신으로 집안의 대소사를 너무도 자연스럽게 잘 이끌어 오고 있다.

그러다 보니 자신의 몸은 표 없이 쇠약해졌다. 그 이후 여러 달이 흐른 후 우연히 언니가 심장 수술을 했다는 소식을 듣게 되었다. 부랴부랴 언니를 보러 갔다. 언니는 오히려 나보다 표정이 더 밝아 보였다.

올케 언니 병문안 가는 나에게 남편이 "언니 몸이 완쾌하면 같이 가까운 일본이라도 한 번 갔다 오자"고 했다. 나는 남편의 뜻을 말했더니 언니는 웃으며

"아이쿠 탄로났구나, 수술하기 두어 달 전에 갔다 왔어요. 말만 들어도 고맙네요. 또 한 번 더 가지 뭐!"

하며 웃었다.

그래서 내가 말했다.

"언니요, 이제 애들도 다 컸으니 집도 좀 줄이고 뒷동산도 팔아서 조금 편하게 사소. 조카들 제 밥벌이하는데 자식 생각하면서 꼭 쥐고 앉아 있으면 뭐하겠소? 너무 연연하지 마소."

라고 하며, 조금 부추겨 봤다. 언니는 아무 말없이 웃기만 했

다. 평소에도 아무 말없이 살아온 그 모습 그대로다. 내 마음은 너무 고맙기도 하고, 미안하기도 하고, 든든하기까지 했다.

올케 언니가 싸준 이런저런 음식을 챙겨 들고 문을 나설 때, 마치 어머니가 딸에게 음식 챙겨 주듯 그런 마음이 나를 아프게 했다.

나는 제발 올케 언니가 오래오래 살아 주길 간절히 바라는 마음으로 살아가고 있다. 해가 저물어가고 땅 거미가 길게 누울 때 나는 친정에서 나왔다.

엄마

내가 이 세상에 태어나서 언제나 부르던 가장 친근한 칭호가 엄마였다. 자나 깨나 어머니를 부르며 살았다. 응석도 부리고 칭얼거리기도 하며 살았다. 그러다 어느 날 내가 엄마가 되었다. 엄마가 되는 첫날 나는 세상에 새롭게 태어났다.

뭐라 말할 수 없는 뿌듯함과 자애로운 마음이 내 인생을 바꾸어 놓았다. 어떤 고난이라도 무너질 수 없다는 강인한 인내심을 갖게 했고, 자식이 잘 되는 일이라면 어떤 상황에서도 내 역할을 다해야 한다는 깊은 사명감이 내 머리에서 발끝까지 꽉 찼다.

그러던 어느 날 내 인생의 파란 하늘에 먹구름이 끼이고, 내 마음 깊은 밀실에 남몰래 상처가 났다. 이 상처는 시간이 흐르면 흐를수록 열이 나고 곪아갔다. 시간이 가면 갈수록 그 범위는 더욱 넓어져 나을 수 없는 지병이 되었다.

이렇게 암담한 아픔이 나를 감쌀 때 나는 엄마가 아니라 에미가 되었다. 이때 나는 깨달았다. 자식을 낳으면 어머니가 되는 건 기정사실이지만, 자식을 위해 자신을 버리고, 자식의 앞날은 화창한 봄날이어야 한다고 다짐했다.

태어나서 딸애가 말을 하지 못하니 나의 전생과 현생이 이렇게 고운 딸애를 고통스럽게 만든 게 아닌가 하고 나는 자책에 빠져들었다. 눈앞이 캄캄한 이 충격이 나의 인생을 고이 접어 버리기로 다짐했다. 이 청천벽력이 아이가 성장해 가면 갈수록 나를 강인한 에미로 만들었다. 시집가서 자식을 둘이나 낳은 지금 이 녀석이 컴퓨터에 중독된 남편과 이혼을 결심하니, 또 한 번의 청천벽력이 나를 더 서글프게 했다. 그러면서도 한편으로는 강한 엄마로 만들었다.

나는 엄마로서 아프고 슬프지만 당사자인 딸애야 오죽하랴. 그것도 성치 않은 몸으로 사는 딸애이니 숯검정 같은 그 속이야 무슨 말로 나타낼 수 있겠는가 하고 딸애 얼굴을 바라볼 때면 나는 엄마라는 의무감이 더 강하게 증폭되고 있다.

이혼! 기가 막히는 말이다. '내가 너를 낳지 않았더라면' 하는 마음이 들어 책상머리에 앉아 흐르는 시간도 멈추게 하고, 넓은 세상의 공간도 커튼을 쳐버리고 불덩이 같은 눈물 방울을 내 마음속 지하수로 흘려 보낸다. 한없이 흘려보내도 그 물은 넘치지 않는다. 몇십 년을 흘렀으면 고이기야 하겠지만, 자연동굴의 호수처럼 흘린 눈물은 이 세상 끝까지 고여 있을 것이다. 군데군데 깊이를 알 수 없는 호수는 흐르지 않고 역류하지도 않는다.

이 뜨거운 눈물은 수만 개의 호수를 이루어 너무도 투명하다. 하루에도 몇 번씩 이렇게 내 속을 바라본다.

딸을 보고 "바람이나 쐬자." 하며 토지문학제가 열리는 하동 평사리 서희의 집으로 갔다. 마침 동편제 흥부가가 열창되고 있었다. 우리가 도착한 때에는 놀부가 하는 말의 대목이 흐르고 있었다. "네 것이 내 것이고, 내 것이 내 것이다." 하며. 그때에도 성형외과가 많았는지? 성형수술의 기술이 뛰어났는지? 놀부의 얼굴 피부가 지구의 땅 두께는 되는 성싶었다. 딸아이나 내가 저 정도만 되어도 나나 딸이나 그저 편히 살 수 있지나 않을까 하고 피식 웃음 섞인 한숨이 나왔다. "야야, 네 얼굴이라도 저 놀부처럼 두꺼워 보아라!" 하며 내 귀에는 바늘로 살갗을 콕콕 찌르는 듯한데, 속이 시끄러우니 제 귀에는 흥이 나도록 들리지 않는지 무표정하다. 그래도 잠시 다른 생각에 젖어보라고 그냥 옆에 서 있었다. 그런 후 돌아오는 길에 섬진강물 위에 휘영청 밝아 있는 달이 좋아 달구경을 했다. 그것도 내가 억지를 부리듯 하며. "네 마음 잠시라도 저 밝은 달처럼 환해 보라고."

나는 기도하는 간절한 마음으로 내 딸의 마음이 달님 같이 밝게 해 달라고 운전석 뒤에 앉아 열심히 기도했다. 섬진강에서 마산까지.

며칠이 지났다. 굳은 결심으로 이혼을 하겠다던 딸이 마음을 바꾸었다. 좀 더 살아보기로 하겠다며. 딸에게 "그래, 잘했다. 잘했어!" 하고 일어나 서재로 갔다. "내가 놔 둔 것이 있는데, 어디에 두었던가?" 혼자 넋 나간 소리를 주섬거렸다.

책상머리에 앉아 나는 또 중얼거렸다. "너도 진짜 엄마가 되었구나! 자식이 둘이나 있으니 네가 너를 죽였구나! 애야! 미안하다."라고.

"애야! 미안하다! 내가 너까지 에미로 만들고 말았구나!"라고 친 후, 이 글을 마무리한다. 흐르던 눈물을 훔치며 응접실로 나간다. 밝은 웃음을 입가에 물고.

| 제2부 |

숯검정 마음

'너도 자식을 낳아봐라!' 하는 옛말이 오늘도 문득 떠오른다. 칠순에 드는 나에게도 이 말은 매일 맴돈다. 이 말은 해가 거듭될수록 더 강하게 다가와 나를 웃기기도 하고 울리기도 한다. 어디 나에게만 이를까마는 왠지 옛 어른들의 이 말이 무척 강하게 내 귓전에 유별스레 울린다.

청춘 남녀들을 서로 짝짓게 하여 아름다운 세상을 새롭게 활짝 열고 들어가서 향기롭게 살아보라고, 전국 곳곳의 남녀들을 짝지어 주는 일을 해오는 나에게 별스럽게도 기쁘기보다 아픈 날이다.

사무실 창밖엔 벚꽃이 피어 화사한 일요일 오전, 한 어머니가 왔다. 이런저런 이야기를 주고받다 보니 이 어머니의 마음이 하늘 같이 높고 바다 같이 넓지만, 그 속 곳곳엔 금이 가고 생채기가 수없이 나 있었다. 그리고 너무 새카맣게 타 있었다.

이 여자의 인생 역정에는 아픔이 수없이 서려 있어도 새로 핀 꽃들이 아름답게 피어 있었다. 그래서 오늘까지 강한 인내와 의지로 사회에 대한 헌신적인 사명감을 가지고 사는 것 같았다. 참 훌륭한 어머니였다.

어머니는 호미를 들고 허리가 휘이도록 종일 일을 하며 살아도 남들처럼 내 딸도 훌륭한 사람 되어보라고 진주여고로 떠밀듯 유학을 보냈다. 너무 가난해서 하숙도 자취도 할 수 없는 형편이라 친척집에 더부살이를 하며 공부를 했다고 했다. 하지만 이 친척분이 서울로 이사를 가는 통에 어쩔 수 없이 고향으로 돌아와 하동고를 졸업했다 하였다. 듣고 보니 고등학교 칠년 후배였다. 이 여자는 부모님과 본인의 아픈 역사 같은 삶을 되살지 않기 위해 뼈아픈 노력을 하면서 살아왔다는 것이다. 이 어머니의 역사 자락엔 피멍이 군데군데 남아 있는 느낌을 받았다.

이런 어머니에게 또 다른 아픔이 다가왔다. 서울 사는 딸이 혼기를 놓쳐 나이가 마흔이 가까워지고 있다는 것이다. 그래, 나도 딸이 있어 알듯이 나이 든 딸을 시집보내지 못하고 고민하는 어머니의 마음은 딸 가진 어머니 아니면 겪을 수 없는 일이다.

딸들은 누구 집이나 "혼자 살지 뭐!" 하며 아무렇지 않게, 또는 화풀이 삼아 제 어머니에게 불쑥 던지듯이 어머니에게도 아마 예외는 아닌 것 같다. 하기야 본인이 더 속 타는 일이 아닌가. 어머니의 재촉에 짐짓 투정하는 말이겠지만, 듣는 어머니의 마음엔 예리한 칼날이 꽂히는 느낌일 것이다.

이 어머니도 그런저런 일로도 마음이 많이 상한 것 같다. 나하고 말을 하면서도 마치 딸이 시집 가지 못하는 것도 자기 탓인 양 울기도 하고, 전능한 신의 힘이라도 빌려 볼 양으로 별별 노력도 해 보았다 했다.

그래선지, 고향 선배라서 찾아왔다는 애절한 말에 잠시 내 마음도 아팠다. 이런 경우에 내가 딸은 없고 아들만 있다면 마음이 덜 아팠을까 하고 생각에 잠기기도 했다. 자식에 대한 어머니의 마음은 어느 어머니나 다 같다. 한결같이 자식 잘되기만을 비는 아가페 사랑은 어머니가 아니면 가질 수 없는 참사랑이다. 숭고한 사랑이다.

나는 후배의 간곡한 청을 들으며 어차피 내가 이런 아픈 일이 없도록 하기 위해 벌인 이 일을 내가 하고 있는데, 후배에게 추운 겨울 엄동설한에 따스한 차 한 잔을 권하듯 마음에 훈훈한 기쁨이 서리도록 해보자 하는 마음이 은연중에 일어났다. "좋습니다. 한 번 해 봅시다!" 하고 후배에게 다짐을 했다. 그리곤 여러모로 곰곰이 생각해 봤다. 빠른 시간 안에 성사를 시키자면 딸의 마음을 먼저 읽어야겠다는 생각이 들었다.

먼저 다섯 살 위인 총각과 맞선을 주선했다. 총각은 긍정적인 반응을 보였다. 그러나 후배의 딸은 아니었다. 요즘 젊은 처녀들이 생각하는 것처럼 동갑내기가 아니면 연하의 총각이어야 하며, 학벌도 좋아야 하고, 외모도 훤칠해야 한다는 선택의 기준을 갖고 있었다. 대개 혼기가 늦어지는 처녀들의 공통점이 여기에 있다는 평소의 경험을 다시 되새겨보며 일을 성사시킬 방향을 잡기 시작했다. 물론 뜻대로 금방 성사될지는 알 수 없지만.

후배의 딸 생각이 어떠하든 성숙한 남자를 첫 번째로 하고 딸의 기준에 어느 정도 충족될 만한 사람을 찾기로 했다. 사람 사는 일에 있어 사람의 뜻에 백퍼센트는 못 된다 해도 사람 하는 일에 어찌 길이 없겠는가 스스로 다짐했다. 복이 넝쿨넝쿨 굴러오는 행운이 왜 후배 여사에게 없겠는가. 내가 혼신을 다해 노력하고 기도한다면 분명 이루어질 것이라고 확신하였다.

후배 여사와 긴 이야기를 나눈 후 그녀는 돌아갔다. 내 딸이라 여기고 꼭 성사시켜 주기를 부탁하면서, 전송한 후 내 마음이 오히려 허전하였다. 나는 창을 열고 아파트 단지를 물끄러미 바라보다 문득 이호우 시인의 시조 〈개화〉가 연상되었다. 흥에 취한 듯 허전한 마음을 달래듯 혼자 읊조려 본다.

꽃이 피네 한 잎 한 잎/ 한 하늘이 열리고 있네//
마침내 남은 한 잎이/ 마지막 떨고 있는 고비//
바람도 햇볕도 숨을 죽이네/ 나도 아려 눈을 감네.

— 이호우, 〈개화〉

후배 여사가 엘리베이터를 내려 건물 밖을 나가면서, 저 피어 있는 꽃들을 볼 것이다. 이 눈부신 꽃처럼 여사의 딸에게도 앞날이 피어나기를 기도해 본다. 꽃이 피네, 하늘이 열리고 있네.

CREATION 4

Oil Painting on Canvas
20 × 16 inch

가을빛 인생

가을들판은 온통 황금빛이다. 선들선들 부는 바람에 잘 익은 벼 이삭들이 차랑차랑 장구를 치고 북을 친다. 황금들판을 감싸듯 둘러친 산야도 울긋불긋 멋진 춤판을 벌인다.

우리네 인생도 계절의 변화와 별반 다를 게 없다. 처음 만난 배필과 일생을 즐겁게 산다면야 무슨 회한이 있을가만, 그 어떤 사연에서든 사별이나 생별을 하고 다시 만난 사람과 남은 생을 살아가는 이들도 많다.

나는 사람과 사람의 연을 맺어주고 그들이 한평생 즐겁게 살기를 바라는 마음으로 기도하며 살아온 세월이 한참이나 흘렀다. 무슨 사명 같기도 하고, 어떤 부름 같기도 한 세월.

조선시대에는 재혼이 허용되지 않았지만, 보쌈이란 풍습이 은연중에 인정되어 재혼 아닌 재혼의 길이 전연 없었던 일은 아닌 것 같다. 여자는 수절을 해야 하고, 남편이 먼저 세상을 뜨면 그 집 귀신이 되는 것을 가문의 미덕으로 여겼다. 20여 년 전만 해도 우리나라에서는 재혼을 그렇게 당당하지 못하게 여기기도 했다. 재혼하는 아낙은 무슨 큰 죄를 지은 듯하더니 이제는 이혼도 재혼도 노소 구분 없이 자연스런 현상이 되고 말았다.

1960년대 중반 미국 케네디 대통령이 서거한 후 그 영부인인 재클린이 그리스의 갑부 오나시스와 재혼했다. 이것은 세기적인 사건이었다. 이후로 동서양 구분 없이 재혼이 아름다운 미덕으로까지 여겨지기 시작한 것은 그 영향이 아닐까 싶다.

중국 고전에 결초보은이란 말이 있다. 진나라 때에 위무자가 죽자 그 아들 위과가 아버지의 유언을 어기고 그의 서모를 순장하지 않고 개가시켰다. 그 후 전쟁이 일어나자 위과가 출전을 했다. 적군을 추격하던 중 어떤 노인이 적군이 가는 길목에 풀로 매듭을 묶어 놓아 적군들이 쓰러지게 되고 그 덕에 위과가 승전고를 울리고, 적장도 생포하는 성과를 올렸다. 그날 밤 그 노인이 와서 자기는 개가 보낸 서모의 아버지라며, 그 은혜에 보답하고자 전쟁에서 이기도록 도왔다고 했다. 순장하지 않고 개가시켜 딸의 일생을 새롭게 살도록 도와준 위과에게 저승에 간 아버지가 잊지 않고 고마워한다는 것은 고사로 여길 것만 아니라 깊이 새겨 볼 일이다.

초혼보다 재혼을 성사시키기란 여간 까다로운 일이 아니다. 몇 년 전 자수성가하여 자식들도 다 출가시킨 어느 노신사의 재혼을 주선한 일이 있다. 처음 예순둘의 미모에 훤칠한 키, 학식과 인품이 있는 여인을 친구처럼 의사도 잘 통할 것 같아서 소개했지만 성사되지 않았다. 두 번째는 밝고 명랑한 인물로 어디에도 빠지지 않는 쉰셋의 노처녀를 소개했다. 그러나 이번에도 허사였다. 이렇게 좋은 상대를 구하기란 쉽지 않은데 하고 고민하다 나이를 한참이나 낮추어 서른아홉 된 수수한 독신녀를 소개했다. 그래도 노신사의 표정은 별로였다. 이때 그 독신녀는 나를 보고 "언니, 나를 경로잔치에 불렀습니까? 언니도 차 한 잔 같이 하고 일어납시다." 했다.

차를 마신 후 노신사는 나까지 태우고 바다가 내려다보이는 경치 좋은 장소로 옮겼다. 탁 트인 창 너머 멀리 펼쳐져 있는 바다에는 은빛이 찬란하고, 파란 하늘에 흰 구름이 두둥

실 떠가고 있는 아름다운 풍광을 보며 "이 좋은 세상을 보지도 느끼지도 못하고 지금껏 먹고 사는 일에만 허둥대며 살았어요……." 하며 혼자 사는 심경을 토로했다.

그런 일이 있은 몇 개월 후 이들은 성사되었다. 주위에선 젊은 것 좋아하다 고생해서 모은 재산 홀랑 털리고 후회할 거라고 웅성거리기도 했다. 사장도 사장이지만, 이 처녀의 성품과 인품을 잘 아는 나는 쓸데없는 험담이라 넘겨버렸다. 그녀는 노신사를 성심껏 잘 뒷바라지도 하지만, 그의 출가한 자녀들에게도 존경을 받았다.

그 후 십년이 지난 어느 날 그 노신사를 우연히 길에서 만났다.

"딸 같은 아내를 만나 사는 게 즐겁습니다. 일흔다섯 이 나이에 더 살아야겠다는 욕망이 많이 일어나네요. 나를 천주님 아들로 살게 해 주고, 많은 봉사활동에도 같이 다닙니다. 가정도 화목하고요."

이 말을 들으며 나는 오히려 내가 감사하다고 했다. 그러자 그는 내 손을 꼭 잡으며 말했다.

"가을이 오면 나뭇잎이나 풀잎도 아름다운 빛으로 자기의 완성된 모습을 보여주는데, 나도 이제 아무 욕심 없이 사람다운 빛으로 살도록 해 달라고 기도하며 삽니다."

그와 헤어져 파란 눈금이 하나하나 지워지고 있는 횡단보도를 걸으며 혼잣말을 했다.

'그렇지! 사람 만나 사는 게 어디 나이로만 만나 사는가. 마음이 문제지. 이해하고 고운 마음으로 살면 나이가 무슨 문제가 되겠는가, 그래.'

혼자 중얼거리다 눈을 드니 앗차 저런! 파란 눈금이 하나만 남았네. 총총총, 막 건너서니 횡단보도는 빨간불로 바뀐다.

마담 뚜의 순정

일요일이다. 대개는 만사 젖혀 놓고 한잠 푹 자거나, 뒹굴뒹굴 구르며 해가 중천까지 오르도록 게으름을 마음껏 피워볼 것이다. 그러나 나는 이런 날도 바쁘다. 새벽 다섯 시부터 종일토록 해야 할 집안일을 미리 한다. 이곳저곳 청소도 하고, 빨래도 하고, 밥도 짓고, 한 가지라도 맛있게 먹을 반찬도 만든다. 그런 후 아침을 한 숟갈 먹는 둥 마는 둥 하고 집을 나선다.

27년 전 그날도 그랬다. 한창 바쁜 오전 7시에 전화가 왔다. 찌렁찌렁 울리는 전화벨 소리에 잠 설친 바깥양반이 언짧아 할까 싶어 '예, 아니오'로 눈치를 보며 나직한 목소리로 대답을 한다. 그때 부스스 잠에서 깬 아들 성태가 "엄마는 자고나면 전화만 하나? 엄마, 제발 전화 그만해라. 아빠는 쪼끔 전화하는데, 엄만 전화만 하고…… 전화가 제일이야? 나 화나 죽겠다"며 칭얼댄다. 그럴 때면 나는 KO되고 만다.

"난들 전화하고 싶어 하는 줄 아나, 조그만 녀석이 오만 일에 간섭이야" 하고 버럭 화가 치솟는 경우도 있지만, 엄마 역할을 제대로 못하는구나 싶어 목까지 차오르는 화를 꿀꺽 삼키고 하던 일을 손 빠르게 움직인다.

'하기야 내가 벌인 일이라 빨리 마무리 지어야 하니 전화는 내가 더 기다린단 말이야' 혼자 중얼거리면서도 아들 녀석에게 되레 미안해 한다. 그리고 아들 눈치를 보듯 수화기를 살그머니 내려놓는다. 그러면서 나는 다짐한다.

'맞아! 그래, 전화를 덜 받더라도 아이들 얼굴 빤질빤질 세수도 자주 시켜주고, 숙제도 잘 챙겨봐야지. 아내 노릇도 엄마 노릇도 제대로 해 봐야지.'

생각은 그렇게 하지만 일에 혼을 쏟다 보면 매양 작심삼일이 되고 말았으니 지금 생각해 보면 실소를 자아낼 때도 없지 않다.

담배 연기 자욱하고 어두컴컴한 다방을 누벼야 하는 시간의 노예는 누가 만들었나? 내가 펼친 그물들은 내가 빨리 걷고 남편과 아이들 뒷바라지에 전념하며 살아야지. 이게 여자가 살아가는 일인데……, 그러면서 또 약속 장소로 달려간다.

당시만 해도 귀한 포니2 택시를 타고 시간이 늦을세라 조마조마한 마음을 안고 기사 분을 재촉하여 목숨 걸고 과속으로 달린다. 마산에서 진주까지. 그 바쁜 와중에도 타고 가는 시간이 아까워 소설이나 수필 혹은 콩트집을 읽는다. 이날엔 소설 《꽃신》을 읽었다. 줄거리 중 영원히 이루지 못한 주인공 상도의 애끓는 사랑을 연상하며, 오늘은 젊은 남녀가 잘 만나 백년해로하기를 기원하며 목적지로 간다.

가는 도중, 오늘 총각이나 처녀에게 말할 기회가 있다면 나는 이런 말을 해 주기로 생각해 본다.

어떤 사람이 서로에게 좋은 배필이 되길 바라는가? 어떤 점을 배필의 기준으로 삼으려 하는가? 외적으로 졸업장의 높낮이도, 가정살림살이의 여유도, 인물도 다 중요하지. 하지만 그보다 먼저 척도로 삼아야 할 것은 상대의 마음이지. 다시 말하면 내적 순수성이야. 무엇을 순수라고 하는가? 티 없이 맑고 깨끗한 마음이지. 어릴 때 가진 티 없이 맑고 깨끗한 마음을 성인이 된 지금도 그대로 간직하고 있느냐 하는 거지. 이 깨끗한 마음은 눈물이 많은 마음이거든. 남이 아파하면 자기도 아프고, 남이 기뻐하면 자기도 기쁜 그 마음이지.

이런 마음은 돈을 주고 살 수도 만들 수도 없는 마음이요, 배운다고 만들어지거나 갖추어지는 것이 아니지. 나는 분명 타고난 천성이라 보거든. 이 마음을 가진 사람은 백년해로를 할 수 있으리라. 이 마음을 가진 부부는 어떤 어려운 일이 닥쳐도 헤쳐 나가지 못할 일은 없다고 말할 수 있지.

이런 마음이야말로 타고난 재물 복이거든. 재물이란 흔히 돈으로 그 척도를 삼지만, 사람만 눈이 있는 것이 아니라 돈도 눈이 있어. 눈이 있는 돈은 자기의 주인을 알아. 사람이 돈을 취하려 해도 돈은 자기 주인이 아니면 가까이 가지를 않아.

심성이 맑고 순수하면 돈은 그 사람을 자기의 주인이라 하지. 돈의 귀함을 알기 때문이지. 이 귀한 돈을 어떻게 누구에게 써야 하는지를 아는 자이기 때문이야.

돈은 주인이 부르지 않아도 스스로 주인에게 찾아와서 복종하지. 주인이 늘려라 하기 전에 늘리고, 모아라 하기 전에 모아두지. 이렇게 쌓인 재물은 한없이 늘지 않고 알맞게 늘지. 주인이 알맞은 것을 아는 만큼. 그러나 주는 일은 없지.

돈이 먼저 줄지 않도록 대비하기 때문이지.

"헛소리 같재! 아니야 맞아. 살아 봐!"

"또 졸업장이 이 마음을 만들 수 있을까? 턱없는 소리지!"

"인물? 심성이 고우면 인물은 살면서 자연스레 고와지지. 우아해져! 나머지는 당신들이 생각하고 판단해!"

'만일 당사자가 선보이는 기준을 어디에 둡니까?' 라고 물으면, 지금 말한 것이 기준이야 라고 말할 것이다.

오늘도 그렇듯 한참 말을 하고 나니 허기가 진다. 고운 사람 곱게 만나 잘 살도록 해 달라고 맥주 한 잔을 쭉 마신다. 내 마음을 알아 줄 사람도 있겠지.

오늘은 유난히도 창 너머 파란 하늘이 더 화창하다.

연 체

전화벨이 유난히 길게 울린다. 조 여사다. 이년 만이지만 목소리엔 변함이 없었다. 무슨 일인가 했더니 박 사장이라는 분의 아들 중매를 서 달라는 것이었다. 중매 사례비는 넉넉히 줄 터이니 걱정 말고 특별히 부탁한다고 덧붙인다.

수년 전부터 조 여사로부터 박 군을 소개받아 선을 몇 번 보였으나 이루지 못했다. 그러다 다시 삼년 전에 맞선을 보게 했다. 박 군은 서른여덟이고 선보인 심 양은 서른넷이었다. 이번에는 용하게 필링이 통했던지 박 군 아버지도, 심 양의 어머니와 그의 외숙모도 모두 잘 부탁한다고 했다.

둘은 맞선을 본 이후로 열렬히 교제를 했다. 진행되는 모습을 관망하면서 낙관적인 기대에 마음을 놓고 있었다.

그런데 어느 날 느닷없이 박 군의 누나로부터 간곡한 전화가 왔다. 결혼을 시킬 수 없는 형편이라며 두 사람의 교제를 끊어달라는 것이다. 박 군 아버지도 같은 내용의 전화를 해왔다. 어리둥절하여 그 연유를 물어보았다. 그 처녀가 시집에 들어오면 집안을 파산시킬 그 무엇이 사주에 들어 있어서란다. 명령 같은 어조에 나는 고민을 안 할 수 없었다. 처녀 쪽에다 이런 말을 사실대로 전할 수도 없고 그렇다고 진행하게 둘 수도 없는 일 아닌가.

전래 풍습으로는 혼사를 이루려면 미리 처녀 측의 사주단자를 받아 총각 측에서 사주팔자를 보고 탈이 없어야 혼사를 추진해 간다. 두 사람의 궁합이 좋지 않다면 아예 혼사를 시작하지를 않는다. 이런 풍습에 묶여서 배필이 되지 못하는 경우가 너무 많았다. 곰곰이 생각해 보면 한갓 사람의 욕심에서 일어나는 일이지만, 사람이다 보니 이런 경우를 탓하기도 어렵다.

그러나 저러나 이번 일로 해서 나도 수양을 한 것 같다. 혼사가 비록 파기된다 해도 끝은 좋아야 한다. 끊어도 칼로 무 자르듯 싹뚝 자르는 게 아니란 것이 혼사이다. 두 번 다시 보지 않는다 해도 서로 간에 상처를 주거나 아픔을 주어서는 안 된다.

해서 중매를 부탁한 처녀의 숙모와 총각 측의 조 여사와 셋이서 한 자리에 앉아 좋게 해결하고 끝맺기로 했다. 그러나 나의 생각과는 달리 오히려 더 나쁜 결과를 만들고 말았다. 결국 그들은 총각 처녀의 험담으로 볼썽사나운 대화만 오가고 말았다.

혼사가 이루어지지 못하더라도 좋게 끝나야 할 텐데 이런 일이 생기고 나니 참으로 난감하기만 했다. 그 후 그들의 관계는 끝이 난 것으로 알고 잊어 버렸는데, 얼만가 세월이 흐른 뒤 총각이 나를 찾아와서 나에게 모른 척해 달라 했다. 그러고 일 년이 지난 후 오월에 결혼하게 되었다고 조 여사한테서 전화가 왔다. 하지만 또 문제가 생겼다. 총각의 아버지가 결혼일자를 시월로 연기해 달라며 전화가 왔다. 정말로 말도 많고 탈도 많은 혼사라 어안이 벙벙했다.

어쩔 수 없이 처녀 집 측에 연기하자는 말을 전한 것이 화근이 되어 중매쟁이가 이상한 사람 취급을 받게 되고, 심지어 총각의 무례와 더 이상 간섭치 말라는 협박까지 받는 일을 당해야 했다. 사례비 때문만이 아니라 인의를 저버린 배은까지 당했다는 생각에 마음이 한없이 아렸다.

어찌되었든 이들은 결혼을 했다. 시아버지는 예단도 거부하고, 며느리를 며느리로 받아들이지 않겠다는 이런 중매를 왜 섰을까 하고 씁쓸한 입맛만 다신다.

인생은 새옹지마라더니 세월이 지나면서 며느리가 시댁 일에 최선을 다하고 시누이와도 정이 깊어지고, 시아버지도 며느리로 인정했다고 하는 소식을 들었다. 그래서 속으로 생각했다. 기왕 이루어진 일이니 그래, 열심히 살아야지. 성심을 다하면 하늘도 알고 도우지 않겠는가. 내 딸 시집보낸 마음으로 안도의 긴 숨을 내어쉰다.

혼사가 이루어지면 행복하게 잘 살기만을 바라는 것이 어디 부모뿐이겠는가. 중매인의 마음에도 이들이 오래오래 행복하게 잘 살기만을 빈다. 연체된 중매 사례비를 못 받는다 해도.

언뜻 푸시킨의 시구가 떠오른다.

"참고 견디면 머지않아 기쁨의 날이 오리니."

중매의 희비

이날은 장거리 원정 중매하러 가는 날이었다. 역에 도착하니 출발 1분 전이었다. 초조하게 기다리던 책방 아줌마와 부랴부랴 대구행 열차를 탔다. 한참을 갔다. 차표 검사가 있었다. 내가 차표를 내미니, "아줌마, 여기는 특실입니다. 두 칸 앞 차량으로 가세요." 했다. 미안하기도 했다. 제대로 보지 않고 올라탄 곳이 우리가 탈 차량이 아니었다. 우리는 일반석으로 건너갔다. 건너가면서 나는 '그래, 어쩐지 넓고 깨끗하더라니.' 하고 속으로 중얼거리며 피식 웃었다.

'그래도 낫다. 나보다 더 못한 사람은 완행열차를 타는데,

그래도 나는 중급 행을 타고 가니 말이다.' 라며 내 마음의 어깨를 툭툭 치며 가는 동안 무료를 달랠 겸 바깥양반이 사다 준 《고요한 돈강》이라는 책을 꺼내어 읽었다. 몇쪽 읽은 것 같지 않았는데 내가 졸았던 것 같다. 발밑에서 '툭!' 하고 둔탁한 소리가 났다. 나는 놀라 눈을 떴다. 떨어진 책을 주워 아예 가방에 넣어버렸다. 맑은 정신으로 오늘 일을 보기로 하고 차라리 한잠 자기로 했다.

잠을 자다 동대구역이라는 안내 방송을 듣고 눈을 떴다. 그리고 내렸다. 역에서 처녀를 소개할 신천할머니를 만났다. 약속된 2층 레스토랑으로 갔다. 벌써 선 볼 총각은 검정색 양복에 베이지색 버버리를 들고 기다리고 있었다.

그 할머니의 안내로 처녀를 만났다. 만나보니 총각보다 한 살 연상이었다. 머리를 한 대 맞은 듯 '띵!' 해졌다. 나는 할 말을 잃었다. 총각에게 미안했다. '이건 아닌데?' 하는 마음이었다. 그때는 연상의 처녀와 결혼하는 경우가 거의 없었기 때문이다. 총각도 표정이 어리둥절했다. 총각의 프로필을 소개하고 곧바로 동대구호텔로 갔다.

자리를 잡고 기다렸다. 처녀를 소개할 처녀의 어머니가 왔다. 비단공장 사장의 부인인 어머니는 교양을 갖춘 분이었다. 엄정한 기품이 깃들어 있었다. 딸인 처녀도 귀티가 물씬

났다. 입은 옷에서나 몸매에서나 표정에서도 처녀의 청순함과 교양미가 가득했다. 시간이 흐른 후 총각이 왔다. 약 40분 가량 시간이 흘렀다. 자리 건너편에서 바라보니 서로의 표정이 밝았다. 이야기도 웃으며 도란도란 이어지고.

나는 안도의 숨을 쉬고 공중전화박스에 가서 집으로 전화했다. 밤 8시에 출발한다고.

초등학교 2학년인 큰애와 유치원 다니는 막내의 저녁밥을 챙겨줄 바깥양반에게 미안해서다. 그리고 어린 큰 애의 일기장에 '우리 식구 다 모였는데, 엄마만 없다. 그래도 우리는 TV를 본다. 그러다 대문 소리가 나면 엄마가 오나보다 하고 헛걸음을 종종 쳤다' 라는 내용을 읽은 일이 있었다. 이 글을 읽은 이후 되도록 일을 빨리 마치고 저녁에는 집에 있도록 해야겠다고 마음속으로 다짐했지만, 일은 여의치 못했다. 그래서 늦으면 이렇게 전화를 해 둔다. 이건 누구에게 무어라고 말할 수 있는 건 아닌 내 사정에 불과하지만, 늦을 때마다 '이게 사는 건가?' 하고 멀건 하늘 혹은 숍의 창에 비치는 나를 물끄러미 바라본다. 요즘도 이럴 때면, 어쩌면 이게 아픈 나의 버릇이 된 것 같기도 하고.

마침 전화를 끝내고 멍하니 공중전화박스 앞에 서 있는 나에게 선 보고 나온 총각이 "오늘 선 그만 볼랍니다." 하며 퉁

CREATION 1

CREATION 2

CREATION 3

CREATION 4

명스럽게 말했다. 나는 또 한 대 머리를 맞은 기분이었다. 미안하기도 하였고. 총각에게 소개하는 중매인들을 믿은 것이 내 불찰이며, 상대편을 내가 직접 만나지 못한 일이 또한 내 불찰이라고 양해를 구하며 정중히 사과를 했다. 자초지종 이야기를 다 듣고 난 후 총각도 고의로 한 일이 아닌 것을 언짢아했다며 미안하다고 했다. 서로를 이해한 후 한 사람만 더 만나보기로 하였다.

다른 다방에서 총각 처녀 두 사람만 만나도록 하고 다방 밖에서 기다렸다. 때는 11월이라 대구는 추웠다. 건너편 공사장에서 장작불을 피워놓고 소주 한 잔에 몸을 녹이며, 그래도 즐거운 표정인 막노동자들을 보니 그곳에도 정겨움이 흐르고 있었다. 얼마를 서 있다가 같이 간 책방 아줌마와 서부시외주차장으로 갔다. 마산행 버스의 출발시간은 50분을 더 기다려야 했다.

따뜻한 어묵 한 꼬챙이와 그 국물 한 컵 마시지 않고 추위를 참고 기다리는 내 앞에 선을 보고 나온 총각이 다가왔다. 와서는 "아줌마, 세 번째 처녀는 한 번 더 만나보고 싶습니다."라고 했다. 순수하고 티 묻지 않은 이 처녀가 마음에 든다고 했다. 이 뜻밖의 한마디에 추위는 순간 녹아내렸다. 나는 이천 원을 주고 밀감 한 줄을 사서 셋이 나누어 먹고 마산행 버스를 탔다. 차 속에서 나는 조마조마했던 가슴을 쓸어내리며 긴 숨을 내쉬었다. 이것도 나에겐 행복이라 여기며.

그 이후 이 처녀와 총각은 마산과 대구를 오가며 자주 만났다. 그러다 두 사람은 축복의 박수를 받으며 한 가정을 이루었다. 1986년 봄에, 총각은 일남일녀의 아버지가 되었고, 처녀는 그 어머니가 되었다. 친정에서 마련해 준 24평 아파트에서 출발하여 지금은 50평 아파트에 산다며 시어머니는 침이 마르도록 며느리 자랑을 한다. 알뜰하고 효성도 깊다고.

나는 이 즐거운 말을 들을 때마다 오히려 내가 행복감을 느낀다. '영원히 아무 탈 없이 행복하게 해 주소서!' 하고 삼십 년이 가까운 지금도 두 손 모아 빌어본다.

그러다 창밖을 보니 해가 진다. "아차! 빨리 가자!" 하며 지금 간다는 전화를 하고 사무실 문을 황급히 나선다.

해묵은 인적명단을 뒤적이며

칠순, 이 날까지 뛰며 걸으며 살아온 길이 참 멀고 험하기만 하다. 이 나이의 문턱에 서니 감개가 무량하다. 촌음보다 짧은 초읽기에 불과했던 것을, 아웅다웅 다투기도 하면서 고개를 치켜들고 살아온 날들이 흠집 투성이가 아닌 것이 없다.

어떤 일은 웃음이 피식 나고, 어떤 것은 눈물도 난다. 그래, 이게 사는 거지 하며 새로운 깃발을 세우니 흠집들도 그 나름대로 아름답다. 그래, 메울 필요야 없지 하고 또 중얼거려본다.

메워본들 흠집은 흠집이다. 이 흠집들도 순리에 따라야 하는 것이 아니겠는가. 왜냐하면 흠집은 흠집마다 그 애환이 깊이 배여 있기 때문이다. 회한이 파도처럼 밀려오면 그 회한들을 잘 끓여진 차 한 잔처럼 잘 끓여서 향으로 마시고 싶기 때문이다. 차의 향처럼 내 혼백 속에서 은은하게 향내음을 풍겨 남은 내 인생을 더 향기롭게 해야 한다고 믿기 때문이다.

그러자 문득 생각이 난다. 사무실 책장이며 집 서재의 책꽂이에 차곡차곡 쌓여 있거나 빽빽하게 꽂혀 있는 선남선녀들의 지난 이력이 보고 싶다. 아니 그 이력을 자잘하게 적어놓은 나의 글씨와 나의 손때와 내 혼의 향기를 맡고 싶었다.

나는 초등학교 5학년이 쓰는 얇은 옛날 공책을 끄집어내었다. 거기에 적혀 있는 이름들, 직장들, 가족관계들. 꼼꼼히 읽어가다 이것이 우리나라 역사의 한 페이지구나 하는 생각이 들었다.

이십 년이 넘은 것, 십 년이 넘은 이름 등 이렇게 생각하다 보니 내가 이십 년이 넘도록 기록한 공책들이 하나같이 골동품이구나 하는 생각이 들었다.

쓸모없는 발상이지만, 내가 거금이 있다면 내 노트만이 아니라 전국의 나와 같은 뚜~쟁이들의 배추문서 같은 기록들을 다 모아 '뚜~쟁이 기록 박물관' 하나 지어 정돈해 놓으면 유래가 드문 역사관이 될 것 같다는 생각을 하며 어깨가 으쓱해진다.

그러면 나이가 지긋이 든 당시의 선남선녀들 중 어느 부부 혹은 그 후손이 이 역사관에 와서 조상을 찾을 것인가 생각을 해보면 그럴 수 있겠다는 부질없는 생각도 해 본다.

이 공책 속장마다 적혀 있는 이름들과 글씨가 내 인생 역정이며 '내 갈 때에 가져가지' 하며 웃어 보기도 한다. 돌이켜 보면 내 인생의 노정이 고스란히 묻어 있으니 어찌 버리기만 할 수 있을까 싶다.

내 인적 명단 속에는 기쁘고 슬픈, 애절하고 안도하는 각각 청춘이 그 속에서 숨 쉬고 있고, 덩달아 그때그때의 내 청춘과 희로애락이 고스란히 묻혀 있다.

시대 변천에 따라 사다 쓴 가지각색의 노트들이라, 한물간 생선마냥 훌렁 던져버리긴 어려울 것 같다. 낡아서 너덜너덜한 쪽은 곱게 펴고 풀로 붙인다. 그리고 종이는 세월이 많이 흐르면 삭기도 하고 벌레도 슨다. 그래도 나프탈렌을 사다 책장 군데군데에 넣어둔다. 더불어 너무 낡은 노트들은 한 권 한 권 싸서 서고에 정리해 둔다.

한 권을 내어 읽어볼 때에나 고이 싸서 꽂을 때에 내 귀엔 애환과 애정 어린 사연들이 〈나는 가수다〉에서처럼 열창을 한다. 나는 그럴 때마다 어떤 감회에 젖는다.

요즘은 그래도 제법 워드를 쳐서 컴퓨터에 항목별로 저장해 둔다. 그런데 삶의 흥취가 없어 나중에 컴퓨터에 정리하지 하며 노트를 펴서 만년필로, 볼펜으로 혹은 사인펜으로 촘촘히 적는다. 이 오랜 일이 뒤처진 습관 같기도 하지만 결코 그런 것은 아니라 본다.

진정한 애정이 없으면 꽃처럼 아름답게 피어나는 젊은 청춘의 앞길을 어찌 내가 등불이 되어 환하게 밝힐 수 있겠는가. 이런 정신이 아니고야 어찌 삼십 년이 넘도록 신의를 갖고 살고 있겠는가 하며 나는 스스로를 격려하며 차근차근 오늘도 선남선녀들의 명단을 노트에 적고 있다.

오늘 삼복더위도 한풀 꺾이는지 숨 쉬기가 조금은 수월하고 기록하기도 수월하다. 최고 기온이 삼십 도를 넘지만 옛 어른들의 말씀처럼 계절은 시절을 알아보는 것 같다. 말복도 입추도 막 지나고 나니 창밖에 들리는 매미 소리도 청아해지고, 그래서 그런지 기승을 부리던 삼복더위가 풀이 죽는다. 따라서 나도 조금은 더 세상과 인생에게 겸손해지는 것 같다.

내가 더 겸손해지는 걸 보니 칠순은 턱걸이로 끝날 것 같지는 않다. 칠순을 넘어 그 언제까지 나직하게 앉아 찬란한 햇빛을 온몸으로 받아 잘 익은 과일처럼 내 특유의 단맛을 낼 수 있을까.

다시 용기를 내어 일어나 텔레비전을 켠다. 런던올림픽 축구 3, 4위전에서 일본을 꺾고 2대 0으로 압승한 동메달리스트들의 감격하는 장면이 방영되고 있다.

왜 그럴까? 기운이 더 솟는다. 내 인생의 고운 꽃송이가 다시 활짝 피어날 것이다. 맞아, 보인다.

꿀벌은 은빛 나비가 되어

화창한 봄이 왔다. 팔층 내 사무실 창 너머 아파트 단지에 벚꽃이 지천이다. 오가는 사람들의 옷들도 한층 가볍고 화려하다. 사람 사는 세상이 참 아름답고 행복해 보인다.

젊은 아낙이 아장거리며 걸음마를 시작한 아이를 데리고 놀고 있다. 중년부부는 꽃과 향 사이에 묻혀 이야기를 나누는 모습에 정겨움이 느껴진다. 어떤 노부부는 꽃 사이를 거닐며 봄볕을 즐기고 있다. 봄을 즐기는 사람들이 행복해 보인다.

그때 내 눈에 꿀벌이 보였다. 꿀은 벌들의 생존을 위한 식량이다. 벌들은 이 양식을 확보하기 위해 우리가 상상하기 힘들 만큼 멀리 날아간다. 세기의 석학 아인슈타인은 '꿀벌이 사라지면 인류는 4년 만에 멸종한다.'고 할 만큼 꿀벌은 사람에게는 필요한 존재다.

지난 봄의 일이 생각난다. 지인들과 함께 배나무 과수원에 갔다. 파란 하늘을 배경으로 꽃망울들이 하얗게 부풀어 봄의 향기와 더불어 우리들의 마음까지 하얗게 물들였다. 우리가 생각하기에는 잘 익은 황금빛 배들이 열려 올가을도 풍요로울 거라는 생각이 들었다. 그런데 그 과수원에는 바이러스로 꿀벌들이 집단 폐사하여 자연교배가 거의 이루어지지 않아 배의 수확량이 엄청나게 줄었다고 한다. 이 일로 인해 농가를 울게 하였고, 농민들에게 불행을 안겨주었다. 그런 모습을 보면서 사람들의 행복과 불행이 꿀벌에 의해서도 좌우된다는 걸 실감하게 되었다. 문득 고려 문신 이규보의 〈꿀벌예찬〉이 떠오른다.

꽃을 따서 만드는 꿀, 엿과 같구나
기름과 짝을 이루니, 그 용도가 무궁하도다.
사람들은 마구 긁어내어 바닥을 보고야 그만두나니
네가 죽지 않는 한 인간의 욕심이 그치겠는가?

ORANGE & GREEN

Oil Painting on Canvas
16 × 12 inch

창가에 서서 한참 이런 생각에 잠기다 문득 꽃과 꽃을 연결하는 것이 꿀벌이라면 인간과 인간을 인연 맺어주는 나는 자칭 꿀벌이라는 생각이 들었다.

1988년 내가 꿀벌이 된 지 3년이 되는 해에 B총각 부친의 청으로 총각 집에 간 일이 있었다. 혼자 가기가 쑥스러워 같이 근무하는 최여사와 함께 함안행 버스를 탔다. 차창 안으로 스며드는 따가운 햇살을 받으며 함안에 도착했다.

총각집 안으로 들어가니 "그동안 내 막내 중매하느라 수고하셨소" 하며 수더분한 농부 차림의 칠순이 넘은 총각의 부친이 우리를 반겼다. 예사스런 분으로 보이지 않았다.

나는 "제가 중매쟁이 꿀벌입니다."라며 자진해서 소개했다. 어른은 빙그레 웃으며 "내 안사람이 나보다 먼저 가서 중매하는데 어려움이 많을 줄 압니다. 내가 마산으로 직접 가야 하는데……, 옛날 같으면 나이 서른넷이면 자식도 두어 명 둘 나이인데, 막내 짝을 지어야 눈을 감을 것 같소." 하며 허심탄회하게 대화를 시작한다. "어르신 저 사십 대 초반입니다. 말씀 낮추십시오." 했지만 부친은 들은 척 만 척 그대로 말을 잇는다.

밥상이 들어오자 어른은 고생한다며 막걸리를 한잔 권했다. 내가 망설이자 최여사가 "너 술 잘한다고 함안까지 소문

났으니 어른이 주는 술 받아라."며 권했다. 나는 권한 술을 한잔 쭉 마셨다. 그리고 말을 이었다. "B군 참 똑똑하고 빈틈없는 총각입니다. 서른에 H그룹의 과장이 된 것은 실력이 있다는 증거입니다. 흔히 말해 서울대 출신도 아닌 지방대학이지만 아드님처럼 입지가 선명한 총각은 드뭅니다. 아드님은 다 좋은데 인물 보고 학벌을 따지니 그것이 옥에 티입니다." 라고 솔직하게 말했다.

어른은 "그간 꿀벌이 한 3년 맞선을 주선했으니 친동생이라 생각하고 마땅한 사람을 추천해 보시오."라고 말한다. 나는 한참을 생각해보니 연대 출신 K양이 좋을 것 같았다. "어르신! 키는 보통이고 속이 꽉 차고 간이 잘 된 처녀가 있습니다. 남을 배려할 줄 아는 그녀와 B군이 인연을 맺으면 어르신 가족은 두고두고 저를 칭찬할 것입니다."라고 자신 있게 말했다.

그 후 20여 년이 흘렀다. 내가 소개해 준 그녀는 시댁과 호흡을 같이하며 부부간의 금실은 물론이고 이웃까지 챙기며 모범적으로 잘 살고 있다. 보람 있게 인연을 맺어 준 일들이 스쳐 지나가면서 미소를 지어본다.

창밖의 다정한 사람들의 모습을 보며 이제 쉰 줄에 든 그 부부를 다시 생각해 보았다. 남남으로 만나 행복이란 조그마

한 배를 타고 노를 저어 가는 모습을 생각하니 가슴이 뿌듯해진다. 꿀벌의 마음도 내 마음과 같을 것이라고 생각하면서 내가 하는 일에 행복과 보람을 느낀다.

요즈음 나는 배고픔에 시달리는 사람들을 돕는 기아대책 후원자들의 중간자 역할을 해 보고 싶다는 생각이 들었다. 꿀벌로 살아온 나의 또 다른 변신이랄까.

이 일에 진해 사는 조 여사가 후원자로서 첫 테이프를 끊었다. 나는 조여사와 함께 새로운 일을 하게 되었다. 새로운 행복과 보람을 느끼면서 "조 여사! 고맙소." 하며 감사하는 마음으로 하루를 시작한다. 어디선가 불어오는 봄바람에 벚꽃잎들이 은빛 찬란한 나비가 되어 하늘을 날아오른다.

인생을 접붙이면서

"남편 팝니다. 사정상 급매합니다. 한때 아끼던 물건이었으나 유지비도 많이 들고 성격장애까지 와서 급매합니다. 마음이 바다 같은 줄 알았는데 잔소리가 심해서 사용시 만족감이 떨어집니다. 음식물 소비도 동급의 두 배입니다. 다행히 외관은 아직 쓸 만합니다. AS도 안 되고 변심에 의한 반품 또한 절대 안 됩니다. 덤으로 시어머님도 드립니다." 김윤덕의 《新 줌마병법》 서두이다.

트럭을 몰고 평생교육원에 일주일에 한 번씩 나타나는 퇴직한 교장을 본다. 하루 여덟 번씩 강물 색이 변한다는 섬진

강변 위에 농장을 마련해서 농사일에 전념하다가 목요일만 되면 수필 공부하러 온다. 가을에는 대봉감도 가져오고 자연을 닮은 수필도 가져온다. 그의 부인도 교장으로 몇 개월 전 퇴직하고 밀레의 종처럼 아름다운 그림 같은 삶을 노을 타듯 붉게 동참한다고 하니 참으로 고맙다. 남편 판다는 우스개스런 시대에 걸맞지 않는.

내 어렸을 때는 장난감이 귀했다. 공돌 줍기, 고무줄 넘기, 깡통 차기 등이 고작이었다. 혼자 놀 때는 그것마저도 쉽지 않았다. 마침 우리 집 뒷동산에는 밤나무가 많았다. 밤꽃이 피면 꿀벌들이 매일매일 잔치하듯 법석거렸다. 나는 호박꽃 속에 꿀벌을 넣어서 실로 묶어 휙휙 돌리면서 놀았다. 갇힌 꿀벌은 윙윙거리며 콧벽에 무딪치며 살려달라고 몸부림친다. 나는 점점 세게 실을 돌린다. 실이 끊어져 호박꽃이 툭 떨어지면 순식간에 꿀벌은 날아간다. 그런 꿀벌 같은 생활을 하게 될 줄은.

"쉬엄쉬엄 쉬어가며 용돈 정도 버는 자세로 살아야 될 나이."라고 남편이 며칠 전 말했다. 교수님도 중매는 비 맞지 않게 도와주는 우산이 된다는 마음으로 해야 할 것이라는 의미 깊은 말을 했다. 결혼은 선택이고 약속이다. 3주간 서로 연구하고 3개월 동안 서로 사랑하고 3년 동안 서로 싸우고

50년 동안 서로 참고 견디는 것이라고 어느 선배가 일러 주었다. 흔히 콩껍질이 눈에 씌어야 한다고 하는 말은 판단력을 잃을 만큼 느낌이 와야 한다는 말이다. 불교에서는 인연, 기독교에서는 하나님 뜻으로 표현한다.

87년도 초가을쯤 B군과 서울대 출신 여교사와 미팅을 주선한 적이 있었다. 그 당시는 맞선 자리에 가서 꿀벌이 되어 이 꽃, 저 나비 프로필을 설명하고 분위기를 약간 띄워 주었다. 나는 다른 자리로 옮겨 앉아 첫날밤 상방지기 하듯 훔쳐보기도 하고 두 사람이 일어설 때까지 방자 노릇을 하듯 했다. 공중전화를 돌려 다음 차례 확인도 하고 책도 보고, 아는 사람 만나면 수다도 떨고 그런 세월이 90년 초반까지 답습되었다. 휴대폰 출현으로 디지털 시대로 접어들었다. 양쪽 전화번호만 주면 둘이 알아서 조율한다. B군은 한 시간이 지나도 일어설 기미가 없었다. 나는 처녀가 눈치 채지 못하도록 처녀의 등 뒤에서 사인을 보냈다. 나는 초조해지고……. 다음 타자가 대기 중이고, 약속 시간은 10분 남았고, 만나는 장소는 택시 타도 15분 거리다. 그 시절에는 같은 사람을 총각이나 처녀도 거의 두 번 정도 선을 보였다. 한 사람을 2번 보이는 것은 양심에 가책을 받았는데 반복하다 보니 몸에 익었으리라. 수입만 챙기는 장사꾼으로 속물이었나 보다. 난감한 시간을 주말마다 당하다보니 거짓말 달인이 될 수밖에 없었음을 고백한다. 지금은 시대의 변천에 맞춰 투명한 중매를 하고 있다. 디지털은 각색보다는 원형을 요구했다. 그 결과 줌마병법의 유머 시리즈가 나올 만큼 여권은 신장되고 있다.

꿀벌의 세계도 수난이 왔다. 외국에서 수입해야 될 만큼, 꽃들은 내 조국의 나비를 거들떠보지 않으니 좋은 의미의 세계화가 되고 있다. 재래시장에서 어우러지는 서민 정담과 구수한 뒷얘기는 대형마트(정보회사)가 잠식해 버리니, 살아남기 위하여 지방 꿀벌들은 맞춤형으로 전환하고 서울 마트의 대리점으로 명을 이어 가고 있다. 이제 친환경적인 인간미 넘치는 자연 수정은 메말라가고, 어느 재벌회사와 교사의 만남 같은 이벤트식 그룹 미팅식의 인공수정이 판을 치는, 정보산업은 한꺼번에 그 생산 효과는 분명 있지만 그래도 영혼이 담긴 꿈을 심어 주는 인간대사의 꽃을 피우는 향도 좀 있으면 좋으리라.

우리 꿀벌들도 바꿔야 한다. '사자師字'는 꿀벌에게는 큰 양식이고 인적 자원이다. 사시, 행시, 의사, 공인회계사, 기업하는 유산권자, 연봉 2억 이상의 엘리트 등등은 복권처럼 달콤한 유혹에 길들여진 나도 있고, 그 화분 속을 향해 돌진한다. 다른 꿀벌이 한 건 했을 때는 부러움보다는 상대적 빈

곤을 푹 느낀다. 운 좋게 혼자 한 건 할 때는 그 성취감은 둥둥 하늘을 날은다. 더러 두세 명 새끼줄 잇듯 줄줄이 하기도 한다. 사례비는 원칙적으로는 안배인데 의리가 부도나면 짐승마냥 할퀴듯 전쟁도 하고 심지어 법적으로 다투기도 한다. 우후죽순처럼 꿀벌은 생기고 심지어 큰 얼굴 연예인을 업고 정보회사도 참여하여 디지털화하고 있다. 동네 연쇄점, 슈퍼, 노점상까지 싹쓸이하듯 정보회사는 중매를 기업화시키고 있다.

중매란 수없는 신호등을 넘고 또 넘어야 한다.

초심으로 첫 신호등을 넘는 반듯함으로 유종의 미를 거두자.

결혼 문화가 바뀌어야 한다. 결혼식이 너무 관습과 형식과 돈잔치에 얽매이지 말고 넘치는 소박하고 복된 잔치가 되었으면 싶다.

벌꿀은 싱그러운 밤꽃 냄새를 찾아 오늘도 달린다.

중매 일지

언제나 그렇듯 오전 일곱 시 출근하는 남편을 배웅한다. "잘 다녀오십시오."라는 말이 채 끝나기도 전 "오늘은 등산화 밑창 좀 단단히 기워 놓도록!" 남편의 육중한 명령이 떨어진다. 이 명령이 떨어지길 기다린 듯 요란하게 전화벨이 울린다. 수화기를 들고 바깥양반 막 출근했다고 하니, "오늘 몇 시에 시간 있어요? 전화로는 안 되겠고, 댁으로 갈게요." 하고는 전화를 끊는다.

초등학교 3, 4학년인 아이들의 아침밥을 챙기고 점심 도시락을 싸고 있으니 또 고함치듯 전화벨 소리가 요란하게 울린다.

"네, 조금 후에 전화 주십시오." 하며 전화를 끊고, 아이들을 등교시킨 후 내가 전화를 건다. 다람쥐 쳇바퀴 돌듯 오늘 하루도 이렇게 시작되었다.

집안에 누가 이사를 갔으니 가보자느니, 누가 병원에 입원했으니 병문안 가자느니 하는 집안 대소사나 내 주위의 길흉사나 심지어 아이들의 담임선생님을 면담하는 일 등은 여간 마음을 먹지 않으면 가 볼 수 없다. '이렇게 사는 게 사람 구실하며 사는 건가?' 하며 중얼거려 본다. 그러다 혼자 밥상머리에 앉아 숨 한 번 쉬고 숟가락을 들다말고 텅 빈 허공에 우주미아처럼 놓인 나를 문득 바라본다.

중매라는 이 직업을 내가 선택한 일이니 뭐라 할 말은 없다. 그러나 마치 인생을 차압당한 것처럼 헐레벌떡 살고 있으니 아무리 내가 선택한 일이지만 참 힘들다. 허허, 자업자득이라는 말이 해당이 될까?

사람을 접붙이는 이 일은 해보면 어렵고도 어려운 일이다. 예컨대 크레파스는 정해진 색깔과 분명한 구분은 있지만, 이 일에는 사람의 색깔도 수천만 가지라 다루기도 힘들고, 짝이 되기는 더더욱 어렵다. 사람의 마음이 흘러가는 구름보다 더 빠르게 변모하니 설명을 하기엔 매우 난해하다. 마치 가시나

무새가 나뭇가지에 올라 울음을 한 번 울기 위해, 오랜 시간 견디어 온 사연들이 구구절절하고 애절하다.

혼인할 당사자나 그 부모의 요구에 맞추기 위해 서울 · 부산 · 대구 등 인적자원을 확보하고 있는 바이어들과 수많은 통화를 하고, 궁합이 맞는지 알아보고, 양 부모는 다 있는지, 가세는 어떤지 꼼꼼히 입에 맞는 떡을 고르듯 하니 신이 붙은 사람 아니면 못할 일이라는 생각까지 해보게 된다.

중매쟁이도 뭔가 분명한 신념이 있어야 한다. 정직해야 하고, 성실해야 한다는 것이다. 그러나 오랜 세월에 남은 것이란 빈주먹뿐이다. 이런 생각이 왠지 자주 든다. 나도 산 세월보다 갈 세월이 자꾸만 짧아지니 그런지.

그러다가 어느 날 결혼해서 잘 산다는 전화 한 통화가 오면 그 맛에 없던 기운이 난다. 또한 통실통실한 귀여운 아이들을 아장아장 걸리며 찾아오는 젊은 부부를 보면 속으로 '허허, 그래도 내가 아직은 사람 같이 살긴 살았구나!' 하며 그저 어린아이처럼 기쁘고 즐겁다.

언젠가 "그 일 그만하면 안 됩니까?" 하는 물음이 불쑥 내 눈앞에 닿으면, 나는 웃으며 말할 것이다.

"보소! 어쩌다 걸려오는 잘 산다는 말 한마디 때문에 손을 못 놓지요! 그라고 가뭄에 콩 나듯 앳된 부부가 고염씨 같은 아이들을 데리고 찾아오는 그 고마움에 아직 쟁이 일을 하요!" 한다.

그러면 어떤 이는 "떼돈 벌니까?" 한다. 이 말은 나를 참 슬프게 한다. 하기야 수고비도 안 받고 무료봉사하는 일은 아니지만, 쟁이를 하다보면 돈에 매여서만은 아니다.

나는 이 직업을 운명처럼 사랑할 수밖에 없으니 역시 중매는 타고난 인연인가 보다.

중매라는 직업

팝콘처럼 풍요로웠던 벚꽃이 지고 무성한 잎 사이로 버찌가 용틀임을 시작했다. 벌써 내가 노령에 들었으니 중매하며 산 지도 오래되었구나 느낀다.

중매를 선다는 것은 참 귀중한 일이라 생각하며 혼신의 힘을 다 바치고 있다.

결혼 적령기에 이른 남녀는 말할 것도 없고 혼기를 넘긴 남녀나 아픔을 딛고 재혼의 새 출발을 하는 사람들을 중매 선다는 것은, 시들어가는 화초에 물을 주는 거나 진배없다. 이들이 새 가정을 이루어 오순도순 사는 모습을 보면 마치 내가 구세주나 보살 같다는 착각을 가질 만큼 기쁘다.

아침 이른 시간에 전화벨이 유난히도 길게 울어 댔다. 반쯤 눈을 뜨는 둥 마는 둥 수화기를 들었다. 기운이 펄펄 넘치는 P여사의 카랑카랑한 목소리가 울렸다. "여의사 K후보감 한 사람만 추천하소! 올 만큼 왔으니 궁합 맞는 총각이면 한두 사람만 찾아보소!"하고 찰깍 전화를 끊었다.

떡 본 김에 제사 지낸다고 했던가. 서둘러 아침 준비를 하면서 여러 총각들을 떠올리다가 그중 S총각이 맞겠다는 생각이 들었다. 옳거니 하고 오른손으로 전화번호를 누르며, 왼손으로 전화기를 바짝 끌어당긴 뒤 S군의 프로필을 단숨에 알려 주었다.

이렇게 반복되는 생활을 이십여 년 해오던 내가 경남대 평생교육원 학생으로 8년째 수필 공부를 하고 있다. 글 쓰는 실력이야 올챙이 같은 수준이지만 너무 재미있고 신이 난다. 이 흥과 재미를 살려 중매를 하며 보고 느낀 것들을 수필 작품으로 이끌어 내고 싶다. 잘 사는 모습을 수필로 그려내어 생의 한가운데에서 우왕좌왕하거나, 혼란에 빠져 고통을 겪는 사람에게 하나의 귀감으로 남기고 싶다.

인생을 접붙이다 보니 가정 살림도 사회생활도 대충 흉내만 내고, 김가 박가 등과 종일 노래를 부르며 살고 있다. 그동안 우여곡절이 많았지만 지금은 맞춤형으로 한다.

남편은 "오후 6시 되면 문 닫고 여자 본분을 다해라. 전화국하고 사돈이라도 되나, 박사논문 쓰느냐, 야행성이냐." 하고 나를 나무란다. "죄송합니다." 나는 남편의 비위를 맞추려고 긴장한다.

며칠이 흘렀다. 궁합이 맞으니 미팅시키라는 P여사의 전화가 왔다. 그날 이후 S군에게 전화를 했다. 무슨 영문인지 총각은 처음부터 거절이다. "여사님, 저 선 안 볼 겁니다. 전화 그만하시는 게 편하겠습니다." 하며 냉정하게 자르기를 몇 번, 그러나 "내가 확신이 있어, 이 혼처를 놓치려 하다니…." 하며 여러 번 설득을 했다. 그래도 S군은 거절했다. 이쪽 사정을 모르는 P여사는 어찌 되었냐며 하루가 멀다 하고 재촉 전화를 한다. 신년 초라 보름 후쯤 선보겠다고 미루어 놓고는 S총각 마음의 문을 거칠게 툭툭 두드렸다. 나이 많은 할머니 대접도 해주고 일거양득의 기회를 놓치지 마라고 시비하듯 다그쳤다. 당당한 S총각이 한풀 꺾일 즈음 여세를 몰아 선볼 시간을 받아냈다.

그 후 한 달쯤 흘렀으리라. 유리 그릇 다루듯 조심스레 전화를 걸었다. 목하 데이트 중이라고 한다.

인연이란 '인' 은 나락의 볍씨를 상징하고 있다. 나락이 될 때까지 비, 구름, 바람, 거름의 연이 연줄을 머금어야 쌀이 되어 나온다. 이 연줄이 중매 역할이라고 나는 생각한다.

인생의 꽃도 마찬가지가 아닐까.

두 달이 지났다. 전화벨이 울렸다. S군으로부터 전화가 왔다.

"여사님! 끈질기고 위대합니다. 저희들 날 받았습니다. 그동안 고마웠습니다."

나는 속으로 '이런 성취감에 살지' 하고 느끼면서 "총각! 시간 나면 소주나 한잔 나누세." 하고 수화기를 놓고 습관처럼 짝지을 명단을 뒤적거린다.

버찌가 영글어가는 6월 말쯤 천상의 나팔 소리처럼 웨딩마치는 울려 퍼질 것이다.

해님도 나에게 윙크를

세상엔 간혹 가장 보편적인 일들이 가장 보편적이지 못한 일로 비치는 경우가 허다하다. 이 가장 보편적인 일들은 가장 평범한 일이기도 하지만 가장 사람다운 일이다. 이런 일들이야 수만 가지가 되겠지만 개중 결혼식이 으뜸이 아닐까 생각한다.

사람에게 있어 혼례란 사람을 새롭게 태어나게 하는 아주 중요한 일이다. 그래서 전통혼례는 대례라 하였고 인륜지대사라 하였다. 예로부터 대례는 엄숙하게 치러지고, 가장 정겹고 미래의 축복을 기원하는 절차로 진행되었다. 더불어 후 손의 무궁한 번창을 암시적으로 드러내 보이기도 하였다.

한편 서민에게까지도 나라에서는 신랑은 당상관의 관복과 사모관대를 사용하도록 허용하였고, 신부에게는 공주가 입는 할옷과 원삼을 입고 머리에는 족두리를 얹고 연지 곤지를 찍도록 허용하였다. 이만큼 젊은 사람들에겐 꿈같은 예우를 아끼지 않았다.

흔히들 이야기하기를 결혼은 제2의 탄생이란 말이 있다. 이는 부모의 몸을 빌려 태어난 사람이 또 다른 새로운 세상을 살아간다는 의미로 쓰이는 말이다. 달리 말하면 서로 자기에게 맞는 배필을 만나 가정을 이루고, 이 가정을 바탕으로 새로운 가문을 만들어 좁은 의미로는 사람답게 살고, 넓은 의미로는 사회와 국가에 공헌하는 것을 결혼이라 보았다. 그래서 혼사는 신성한 일이라 하여 모든 사람이 결혼을 축하하며 순풍에 돛을 달고 나아가기를 하나같이 축복한다.

이런 중요한 뜻을 지닌 혼사가 세월이 흐르니 변색되고 탈색되어, 예컨대 혼사를 치르는 당사자나 그 혼주가 자신의 부나 권력 혹은 위세를 과시하는 장으로 삼는 경우로 전락하기도 한다. 그렇다 해도 역시 혼사는 혼사인 것이다. 또한 상부상조한다는 전통정신이 식장에 얼굴을 내어 밀기 위해 부조금을 선뜻 내던지는 어두운 일면이 음험한 자리를 만들며

VANE

Oil Painting on Canvas
16 × 12 inch

뱀처럼 또아리를 틀긴 하여도 신성한 것은 틀림없다. 우리나라의 전통혼례 방식을 택하든 서양 혼례 방식을 택하든.

얼마 전 울산에 사는 B군의 부탁으로 결혼식장에 부조금을 전달하러 간 일이 있다. 이 결혼식 광경을 지켜보면서 나는 이런 결혼식도 그래 한 번 시도해 볼 만하기도 하구나 하는 마음이 든 일이 있었다.

주례사로 청춘 남녀의 장도를 이끌 덕담을 하는 주례도 없었다. 또 주례가 신랑 신부에게 결혼서약을 하는 절차도, 주례가 아닌 신랑과 신부가 번갈아가며 본인이 결혼서약서를 읽으며 천하에 결혼함을 서약하고 본인 스스로 장도를 약속하며 열고 있었다.

그런 후 당사자들이 서로 값나가지 않는 조그만 예물을 주고받고 목기러기를 던진 후 양가 부모님께 드리는 감사의 글을 낭독하였다. 그리고 성큼 양가 부모에게 다가가서는 같이 큰절을 올리고, 하객들에게도 큰절을 올렸다. 절을 올린 후 일어나서 느닷없이 하트 모양을 만들어 인사를 올리는 해프닝이 있었다. 하기야 이 일을 해프닝이라 해야 할지 다른 의미로 해석해야 할지는 이 글을 읽는 사람의 판단에 맡겨야 할 일이지만 하여튼 그랬다.

그러나 이 일은 해프닝이 아니라 많은 하객들을 오히려 기쁘게 하고 가벼운 마음을 갖게 하였다. 이 즐거운 의외의 마음 냄은 식장이 떠나가도록 우레와 같은 박수갈채로 꽃피어 났다. 이 해프닝 같은 일은 결코 해프닝이 아닌 멋진 장도를 환히 밝히는 아름다운 불꽃이었고, 찬란한 빛이었다. 이런 즐거움이 식장에 참석한 모든 이들을 합창단 단원으로 즉석에서 만들고 코러스는 즐거우면서도 정중하였다.

이날의 이벤트는 내가 보기엔 멋졌다. 혼례 당사자가 마냥 즐겁고 나의 앞날엔 기쁜 일만 있을 거라는 확신에 찬 이 결정은 격을 조금 무너뜨렸다 해도 그 어떤 성대한 결혼식보다 빛났다. 물론 값지기도 하였고.

사람이 사는 세상에선 주체는 사람이다. 사람이 선한 마음을 가지면 세상은 선하고 아름다워진다. 사람이 기쁘면 사람이 바라보는 세상은 기쁜 모습으로 환해진다. 그렇지 못하다면 세상은 우울해지고 처참해진다.

사람이 활기가 넘치고 의로운 기운이 충만하면 그 세상도 활기가 넘치고 의롭고 풍요로운 세상을 만들어 간다. 오늘의 일이 그렇듯 마음의 변하는 모습에 따라, 마음의 확고한 결정에 따라 세상의 생명 있는 것들은 다 그렇게 이루어진다.

신랑 신부여, 나도 두 손 모아 축복하나니 행복하시라! 혼자 몇 번이고 기도하며 돌아서 나오는 내 발길이 경쾌하였다. 문득 고개를 들고 찬란한 빛줄기를 따라가니 맨날 보던 해님이 찡긋 나에게 진한 윙크를 한다.

꿈 같이 만난 멋진 인연

한가위가 지나니 손님 같은 자식들이 제 갈 곳으로 다 돌아가고 고즈넉한 시간이 나에게 주어졌다. 서재 책상머리에 앉아 큰 잔치를 치른 것 같은, 팔죽이 된 몸을 조금 쉴 겸 책장에 꽂아 두었던 해묵은 노트 한 권을 손에 잡히는 대로 꺼내어 읽는다. 오래된 지인을 만난 듯 눈물이 핑 돈다. 등받이가 높은 의자에 몸을 푹 파묻고 눈을 지그시 감은 채 볼을 타고 흐르는 눈물을 주체하지 못한다.

1992년 9월 24일, 이 달엔 결혼식이 참 많았던 것 같다.

'이 달에는 무슨 놈의 결혼식이 이리도 많노?' 저절로 중얼거려진다. 내일 있을 결혼식 청첩장만 여섯 통이나 된다. 결혼식은 거의 비슷한 시간대라 다 한 번에 모두 다닐 수가 없다. 그래서 생각 끝에 내 몫인 다섯 집을 월요일부터 저녁마다 한 집씩을 방문해 미리 축의금을 전하기로 했다. 한 곳은 남편 몫으로 남겨 두고.

결혼이란 젊은 청춘이 인생을 새롭게 출발하는 인류의 큰 대사이다. 그런데 허겁지겁 축의금을 전하는 일로야 무슨 축하한다는 마음이 가득하겠는가? 축하객도 마음에서 우러나는 진심이 있어야 진정한 축하가 되는 법인데 말이지.

그런 후 '나는 아침 일찍 부랴부랴 보영이의 결혼식에 참석하기 위해 상경했다.'는 구절을 읽는다. '결혼식이란 게 예나 지금이나 별로 다를 바가 없구나' 하며 혼자 중얼거려 본다.

청춘 남녀들을 접목하는 일을 평생을 하다보니 성사되는 것도 힘들고, 혼사가 이루어진 후 잘 사는 것을 보는 것도 쉽지 않음을 알고 있다.

우연 같은 날 꿈 같이 만나 일생을 행복하고 멋있게 잘 사는 젊은이들도 있고, 공들여 연줄을 대어서 만나 화려한 결혼식을 하며 멋있게 출발하여도 환상같은 요트가 암초에 걸려 좌초하듯 위기에 놓이는 경우도 있다. 남남끼리 만나 잘 사는 게 바람이지만 그렇게 못한 경우가 생겨도 인간사에선 도리가 없는 일이기도 하다. 이게 사람 사는 일이니 어쩌겠는가.

누가 나에게 어떻게 사는 게 잘 사는 거냐고 묻는다면, '양보와 화합' 이것이 일생을 백년토록 해로하는 비결이라 말하고 싶다.

시간과 공간의 제약 속에서 사는 일이 인생이라면, 자연의 순환 이치와 다를 것이 없다. 모양을 가지고 태어나서 잘 살아가다 허물어져 그 형체를 볼 수 없는 것이 인생의 순환 이법이다. 또 읽어내렸다.

> 서울 간 김에 대구 박 소장하고 저녁 7시에 영진호텔에서 만나 하룻밤을 묵기로 했다. 그래서 나는 결혼식에 들렀다. 총총걸음으로 가서 303호를 예약하고 기다리다 만났다.

그랬지. 이때 박 소장과 만남이 우여곡절을 겪으며 또 한 쌍의 청춘남녀를 새출발시킨 일이 있었다.

당시 박 소장은 청춘남녀를 이어주기 위해 태어난 사람처럼 어떻게나 기획을 잘 하는지 바라보는 나도 탄복할 정도였다. 그는 우리 세상에선 베테랑급이었다. 그리고 매사에 적극적인 사람이었다. 볼륨 있는 체격에 묵직한 사람이었다. 피곤이 겹치면 자리에 누워 쉬기는커녕 물 한 바가지 뒤집어 쓰고 정신을 가다듬고 하던 일을 계속하는 대단한 정열가였다. 핸드폰과 객실 전화는 박 소장이 독점해서 쓰는 통에 나는 공중전화박스를 이용할 수밖에 없었다.

처녀에게도, 총각에게도 원활하게 통화가 되지 않아 당시 3층 계단을 열 번을 넘게 오르락내리락하며 겨우 통화가 되어 다음날 선을 보게 할 수 있었던 일이 선하다.

그날 박 소장과 합심한 일곱 팀과 내가 혼자 분주했던 두 팀을 겨우 연결하여 오후 한 시 반경부터 오후 네 시 반경까지 모두 선을 보게 하였으니 허허 참, 그땐 진땀도 났고, 입속엔 단내가 나며 불이 활활 붙었던 일이 엊그제 같다.

그러다 문득 내가 예쁘게 본 정은아라는 처녀를 서수연 총각과 서로 만나게 해야겠다는 생각이 났다. 대학교 연구실에 있던 총각에게 연구실과 자취방을 연거푸 전화를 해도 불통이었다. 그래서 마산 본가에도 전화하고, 총각 형 댁과 형수가 경영하는 헤어숍에도 전화를 해 두었다. 그런 후 시간이 한참 흘러 통화가 되었다. 25일 오후 세 시 삼십 분 조선호텔 커피숍에서 두 사람은 만나게 되었다. 극적인 만남이 이루어진 것이었다.

총각은 화장기 없이 나타난 스포티한 정은아를 보고 첫 만남에서 제 눈에 안경이 되었다. 정은아도 듬직한 총각을 보는 순간 마음이 이끌렸다. 도란도란 애기를 나누는 이 청춘남녀를 먼 거리에서 바라보던 나는 영판 잘 찾아 주었구나 하는 마음에 가슴이 뿌듯했다. 그런 후 며칠 뒤 총각 어머니가 고맙다는 전화를 걸어왔다. 그러면서 처녀에 대해 소상하게 물었다. 소개받은 내용을 전했다.

원래 중매는 부모와 당사자를 만나 이야기도 나누어 보고, 구체적인 설명도 한 후 상호 의사가 맞으면 만나게 하는 법인데, 이번 경우에는 하도 먼저 만나보고 서로 마음이 당기면 중매의 절차를 밟기로 한 일이라, 처녀에 대해 소상하게 알지 못한 상태에서 만나게 한 것이 단번에 속도가 나니 나도 난감해졌다. 결국 난생 처음 겪는 일이 생겼다.

처녀 아버지가 편찮다는 게 난관이 된 것이다. 그러나 총각이 이 처녀라야 된다 하니 양가 부모를 만나기로 총각 부모와 합의가 되었다. 그것도 우연히 서울발 김해행 비행기내에서 만나 정한 것이다. 양가 부모가 마산 크리스탈호텔 커피숍에서 서로 만난 후 처녀도 좋지만, 처녀 어머니가 고상한 품격에 후덕하다며 칭찬이 자자했다. 그래서 총각 부모도 성사 쪽으로 거의 기울어지고 있었다. 나도 안심을 하고 좋은 처녀 총각의 장도를 비는 마음이었다.

그러나 웬걸! 또 한 번의 진통이 왔다. 이번엔 처녀 부모 쪽에서 브레이크를 밟게 된 것이다. 장 관장이 늦은 밤에 "정 선생! 큰일 났소. 은아 엄마가 총각 아버지가 스님이라 결혼시키지 못하겠다는데 우짜노?" 하는 하는 것이 아닌가. 나도 총각 아버지가 사찰을 경영한다고 들어 그대로 전했더니 경영이 아니라, 스님이라 곤란하다는 것이다. 나는 기운이 쫙 빠졌다. 그러면서도 나는 용기를 내어 답했다. "아이고 마, 이 결혼 성사됩니다. 스님이면 어떻습니까? 인연이 되면 모로 가도 서울 갑니다!" 했다.

혼사에 종교가 걸리면 난처한 일이기도 하다. 그런데, 다음 날 또 정 관장으로부터 전화가 왔다. "정 선생, 내가 이상한 사람이 된 것 같소? 절을 경영한다 하여 학교재단의 이사장 격으로 보았는데 정 선생, 이럴 수가 있소?" 하는 것이었다.

나는 가슴이 답답했다. 은아네 집은 삼대를 내려오는 독실한 기독교 집안이라 현실에선 당연히 브레이크를 밟을 만도 한 일이었다. 나는 걱정스러워 서울로 전화를 걸어 처녀 총각의 심중을 물었다. 통화 결과는 두 사람 모두 계속 진행하자는 쪽이었다. 나는 용기를 다시 내었다. 장 관장은 기독교인과 불교 신자를 접붙이는 일이 어처구니 없다는 뜻이었지만, 나는 이 혼사를 성사되게 해야겠다는 의지를 가졌다.

다시 전화 건 장 관장에게 "마, 그런 말씀 마소! 총각 댁은 보통 사람들보다 가슴이 넓고 착한 일로 정도만 걷는 분들이라 어느 댁보다 나을 겁니다. 직분 있는 분이 아마 좋을 겁니다." 하며 큰소리를 치기도 했었다. 내가 알기론 실로 총각 댁에서는 종교에 매이지 않고 넓게 수용하는 마음 같았다.

어려운 고비는 언덕과 구릉을 넘어 봄볕이 환한 평원에 도착했다. 드디어 서기 1993년 이듬해 정월 십일에 이들은 결혼식을 올렸다. 아마도 지금 순풍에 돛을 달고 푸른 파도를 가르며 멋진 항해를 하고 있을 것이다.

숱한 쌍을 성사시킨 나는 문득 문득 중매 선 청춘 남녀들이 떠오를 때면 "이들의 장도에 찬란한 햇빛이 가득하게 하소서!" 하고 기도한다. 은아와 수연이도 시가와 처가에 이 명절에는 왔다 갔겠지.

그래, 생각해 보니 아이들이 태어났다면 스무남 살은 되었겠구나 싶기도 하다.

| 제 3 부 |

가을나무로 살고 싶다

2012년 7월 6일 나는 우리나라 상공에 훌쩍 날아 올라, 창 너머로 우리들이 사는 세상을 바라보며 인천국제공항을 출발 약 열두 시간 후 독일 프랑크푸르트공항에 내렸다.

동유럽의 상공에 오자 나의 시야는 경이로웠다. 하늘은 파랗고 높았다. 어느 시인의 시 한 구절처럼 내 눈이 그 빛깔에 비었다. 동동 떠 있는 구름은 마치 동화 속의 세계에 온 것 같았다. 얼마 전 갔다 온 중국의 희뿌연 회색 하늘과는 너무 대조적이었다. 트랩을 내려 휘둘러보는 프랑크푸르트공항은 육중하고 산뜻했다. 세계 일등국가라는 독일의 첫 인상은 나에겐 이렇게 강렬하게 다가왔다.

이 순간 짧은 내 허리가 꼿꼿하게 펴지고 가슴이 딱 벌어졌다. 나도 일등 국민이라고, 놀랍게 느껴지는 이 동유럽에서 우리나라를 회상해 보았기 때문이다. 아름다운 우리나라의 새파랗고 높은 가을하늘을 여기서 만났고, 이 공항에 못지않은 우리나라 인천공항을 만났다. 나는 환상에 빠졌다. 내 마음 깊은 곳에서 일등국가의 국기, 태극기가 선선한 바람에 펄럭이고 있었다.

출입구역을 나오니 진한 향수내음이 코를 찔렀다. 여러 가지 명품들을 구경이라도 하련만, 나는 왠지 비위가 거슬려 일행보다 먼저 나왔다. 나는 일행이 나오기를 기다리며 생각에 잠겼다. 내가 외국을 연이어 다녀도 되는 건가? 하고.

특히 이번 여행은 막내 내외가 빠듯한 생활 속에서 다달이 모아 마련한 적금을 타서 보내주는 여행이니 마음이 아팠다. 미안하기도 하고, 내가 자금을 모아 막내가 살 집을 마련해 주어야 한다는 생각에 전전긍긍하는 마음이 더 무거워졌다. 노인당에서 만난 어느 언니 말처럼 "자식의 돈은 조심스럽다. 남편이 버는 돈하고는 다르다."는 말이 먼 외국에서 다시 귀에 쟁쟁 울렸다.

그러다 생각을 바꾸어 봤다. 자식을 낳아 별로 해 준 것은 없지만 자식이 보내주는 효도여행이다 보니 "그래, 자식을 낳으니 이런 고마운 일도 있구나." 하며 기쁜 마음에 혼자 중얼거려 보기도 했다. 그러면서 앉아 있거나 걸어 다니는 나이 든 사람들을 보며 저 양반도 그런가? 하고 바라보았다. 이때에 "막내 내외야! 넘 고맙다!" 하는 말이 내 입술 위에서 빙글빙글 춤추었다.

열두 시간 하늘에 있는 동안 기내 모니터를 통해 동요도 한 시간 넘게 들었다. 왠지 동요가 듣고 싶었다. 내가 어려지고 싶었던 것 같다. 아니 나는 어려지고 있었다. 아들과 며느리 덕에. 이런 생각에 잠기다 문득 "그래, 맞아! 이게 내 천성인 것 같다." 하며 나는 더 어려졌다.

공항에서 숙소가 있는 라이프치히로 가기 위해 버스를 탔다. 땅덩어리가 넓어서 그런지 네 시간이 지나서야 도착했다. 시간이 많이 걸리다 보니 반은 졸고 반은 깨어 있었다. 도착한 숙소는 조용했다. 살기 좋은 곳 같았다.

그런데 여행이 시작되는 순간부터 돈이 사람을 지배한다는 걸 알았다. 마시는 물도 사용하는 화장실도 공짜는 없었다. 나는 속으로 '집 나오면 고생한다더니' 하는 생각에 조금은 씁쓸했다. 한 가지 예만 들어도 우리나라에선 장거리 가는 버스에 생수가 실려 있다. 목마르면 언제라도 마시면 된다.

더운 여름엔 시원한 청정한 물을. 그러나 이곳은 그만큼 돈, 돈 하며 보이지 않는 손이 언제나 내 얼굴 옆에 와 있었다.

이것만 봐도 우리나라는 지상낙원이라는 걸 알게 되었다. 물자가 여느 나라보다 풍족한 나라는 아니다. 흔히 하는 말로 인심 좋은 나라이다. 살기 좋은 나라는 뭐니 뭐니 해도 우리나라라고 나는 더욱더 믿게 되었다.

그러나 우리나라가 모든 것이 다 훌륭하거나 뛰어나다는 건 아니다. 우리나라 법학도라면 한 번은 유학하고 싶은 이 독일, 나는 버스를 타고 정해진 일정에 따라 다음 여행지로 이동하고 있었다. 이동하는 중 창밖에 펼쳐지는 광경은 말로 표현하기엔 언어가 마음을 따르지 못하였다.

곳곳에 세워져 돌아가고 있는 풍력발전기의 팔랑개비들, 한없이 펼쳐져 있는 누런 들판의 밀보리들이 어깨와 머리를 흔들며 풍악을 잡히고 있는 풍요로움, 강한 독일민족을 닮은 시퍼렇게 장대같이 자라 있는 수숫대들, 스치며 지나가는 집들은 하나 같이 별장 같았다. 우리나라보다 훨씬 일찍부터 친환경에 관심을 기울여 온 이 전원도시에선 우거진 숲들은 주연이고 옹기종기 모여 있는 집들과 사람들은 오히려 조연 같았다. 나는 버스를 타고 숲으로 둘러쳐져 있는 푸른 커튼과 커튼 사이로 달리고 있었다. 여기에서 다시금 친환경의

진수를 보고 있었다. 우리나라의 모든 곳들이 이런 풍광이라면 하고 진한 감정을 가졌다.

또한 독일은 역시 과학의 나라답게 세심한 일까지도 과학적이었다. 칼로리 계산을 엄정하게 한 영양식단과 간결하면서도 깔끔한 메뉴들, 이 점도 우리들과는 사뭇 달라보였다. 디저트로 나오는 과일들도 비록 맛은 우리 것 같지는 않지만 무해하다는 과일들, 이 씀씀이는 독일국민의 성실한 마음과 정신을 엿볼 수 있었다. 그래서 그런지 두 번, 세 번 왔다는 여행객들의 이야기를 수긍할 만했다. 우리나라도 이런 나라가 되어야 한다는 생각을 한 번 더 해봤다.

나의 이번 여행은 막내 내외의 기대에 어긋나지 않았다. 꿈같은 여행을 동화 같이 하고 왔다. 그 아름다운 풍광 속에서 나도 아름다운 풍광이 되었다. 이 풍광이 아직도 나를 감싸고 있는 지금 나는 조용하면서도 큰 파장으로 울려 오는 내 목소리의 되울림을 듣는다.

"나는 가을나무로 남고 싶다!"

솔로몬의 반지에 새겨졌다는 '다 지나갈 것이다' 라는 말처럼 시간은 그렇다 해도 나는 아름다운 가을나무로 오래도록 남고 싶다. 칠순의 나지막한 언덕을 성큼성큼 오르고 있으면서도.

북유럽 기행

2010년 5월 31일

국경 옆에서 하룻밤 묵고 우리는 노르웨이를 향해 출발했다.

양쪽 가로수는 어제 온 길을 복사한 듯 같은 종류의 자작나무와 비쩍 마른 소나무가 가뭄에 콩나듯 섞여 얼굴을 내밀고 있었다. 바이킹의 향수가 배인 스톡홀름의 풍경과는 사뭇 다른 산악 지대인 노르웨이의 초지가 가지런히 숨을 쉬고 초록빛 수평선 아취를 그리고 있다.

버스 안 TV는 잉그리드 버그만이 주연한 〈로마의 휴일〉이

타임머신이 되어 소녀시절로 돌려놓고 있었다. 창밖엔 줄 세워 놓은 듯한 노오란 민들레가 웃고 있다. 아마도 민들레 홀씨가 바람 길이만큼 날아와서 군락을 이루게 되었으리라. 민들레 키에 맞춰 날갯짓을 하는 새들의 노래에 입 맞추며 방실거리는 민들레꽃을 보는 순간 법정 스님의 '생명 있는 것은 다 아름답다' 는 말이 새삼 떠오른다.

흰 소, 얼룩소, 까만 소 열댓 마리가 손수건 돌리기 놀이하듯 둥그렇게 모여서 반상회를 하고 있었다. 참 평화로왔다. 어디 낙원이 따로 있으랴! 그런 중, 어느새 양떼가 노니는 초원을 지나 풀을 뜯는 소, 휴식을 즐기는 소 너댓 마리가 분단을 나누어 띄엄띄엄 누운 듯 앉아서 천년을 살고 있다. 동물도 사람도 없는 평퍼짐한 초지가 몇 차례 지나갔다. '비움의 아름다움' 이었을까. 공허 속에 충만을 느끼는 자연처럼 마음을 비우라는 메시지를 내뿜는 것 같다. 이래서 여행을 '삶의 성찰' 이라고 하는지도 모른다.

고은 시인은 '자식 목구멍에 밥 넘어가는 소리가 소리 중에 으뜸' 이라고 했다.

나의 어머니는 항시 눈에 넣어도 아프지 않는 것이 자식이라고 했다. 살아생전 서울 구경이 제일 큰 여행이었는데, 나는 외국 여행을 열 손가락 넘게 드나들었다. 하기야 시절 모양대로 살다보니 그렇긴 하지만.

세계적인 조각가 구스타프 비겔란의 조각공원을 구경했다. 아담과 이브상 같은 조각을 비롯하여 옷 한 오라기도 가리지 않은 남자 조각상이 눈부셨다. 햇빛도 간혹 그들의 어깨 위에서 반짝이고 있었다.

오슬로 해발 412미터 지점에 세워진 홀멘콜렌 스키점프대를 관광하고 다시 버스를 타고 솔베이지 동네를 지날 즈음, 가이드는 솔베이지의 로맨틱했던 사랑 이야기를 실타래를 풀듯이 풀어 놓았다. 파란만장한 삶을 사는 남편을 기다리면서 머리가 희끗해진 솔베이지는 노르웨이 판 춘향이다. '그 겨울이 지나 봄은 가고……' 라는 노래가 내 마음의 핏줄로 흘러든다.

노르웨이왕 파베르그만이 스케이트를 즐기려 묵은 호텔산장을 향해 버스는 오르막길을 달린다. 만년설을 이고 지고 있는 산맥 속을 달리는 기분은 상쾌하기 그지없다.

눈 덮인 산이 살아 춤추는 듯 날씨도 한몫했다. 가이드는 이곳은 안개가 자욱한 날이 많아 정상을 거의 볼 수 없다고 했다. 200일은 비가 오는 것이 다반사라 했다. 우리들은 행운아인지 날씨 덕을 톡톡히 봤다.

산장에서 바라보는 설경은 이 세상의 풍광 같지 않았다. 반쯤 얼은 호수를 품에 안고 있는 눈꽃 만발한 산을 보면서 포도주를 곁들여 저녁을 먹었다. 모처럼의 낭만이 나를 감쌌다. 아무래도 착각은 자유였던 것 같았다. 마치 내가 동화에 나오는 백설공주 같은 환각 속에서 "참으로 아름다운 밤입니다"라고 남편한테 전화를 했다. "쓸데없는 소리 그만하고 조심해서 다녀오라."는 퉁명스러운 남편의 말만 들려왔다.

내일은 페리 탑승 후 노르웨이에서 가장 아름다운 피오르드를 구경한다고 한다. 명주실처럼 하얗고 고운 산 위에서 내리는 수많은 실폭포를 보고 푸른 빙하 전통 카도 탈 것이란다. 눈과 폭포수를 실컷 보게 된다고…… 천국이 따로 있나 노르웨이서 살고 싶다. 노랫가락처럼 내 입술 가에 맴도는 영원한 집시의 말방울 소리가 들린다.

즐거운 5분간의 긴 여행

남편의 고희를 맞아 해외여행차 아침일찍 버스를 타고 인천공항으로 향했다. 황혼의 아름다운 여행을 하리라 꿈꾸었는데 막상 닥치고 보니 설렘보다는 걱정이 앞선다. 건강히 돌아올 수 있도록 준비운동으로 석 달 동안 걷는 운동을 매일 한 시간 이상 했었다.

열다섯 시간의 비행 끝에 도착한 이집트는 라마단 행사 기간이라 거리는 한산한데 이슬람사원의 불빛은 반짝인다. 권총 찬 흰 제복의 경찰관이 감시를 하는지 곳곳에 서 있다. 여기는 체제가 우리와 다르다는 감이 든다. 마디Maadi호텔 정문에 경찰관이 무장을 하고 서 있다. 내일부터 본격적인 관광을 위해 충분한 휴식을 하리라 마음먹었다.

코란 경전을 읽는 소리가 밤공기를 타고 울려 퍼지니 잠을 이룰 수 없었다. 엘지마크의 중고 텔레비전을 켰다. 아랍어를 모르니 그림에 떡이다. 서로 눈치만 살피고 밤을 지새우고 있는데 그때 똑똑 문 두드리는 소리가 났다.

"벌써 우리는 호텔 주위를 한 바퀴 돌고 왔는데 나갑시다."

일행 중에 유일한 남편 친구인 유 선생 내외가 찾아온 것이다. 우리는 일층으로 내려갔다. 프론트의 불빛 아래 직원이 외롭게 서 있고 입구에는 경찰관이 졸다 말고 교체를 한 후 호텔 앞 사원을 향해 걸어간다.

창밖에는 회교신자들의 공동체가 율동하듯 무질서에서 질서를 가지며 절을 한다. 85%가 회교를 믿으며 하루 5번씩 기도를 한다고 한다.

호텔 안에는 아침식사를 준비하는 사오십 대 되어 보이는 남자 한 분이 마른 행주로 테이블을 훔치고 포크와 칼등을 놓는다. 준비한 음식을 부지런히 나른다. 참으로 차분하고 조용하면서도 손놀림은 빠르다. 혼자서 100인분의 음식상을 차리고 있다. 큰 신선로 밑으로 불을 지핀다. 우리 넷은 약속이나 한 듯 시선을 그 남자한테 모으고 있다.

"언제쯤 불을 켤까?"

유 선생이 말했다. 7시가 되니 (사람들이 테이블에 앉을 즈음) 불은 밝혀졌다. 전기가 남아 요르단으로 수출하고 있는 나라임에도 전기를 필요 이상 쓰지 않는 모습을 보았다. 우리나라의 국민성도 이랬으면 좋겠다.

조식 후 카이로에서 시내관광을 마치고 세계 7대 불가사의로 꼽히는 쿠퍼왕의 대 피라미드를 관람키 위해 전용버스에 올랐다. 이집트 남자 전통 의복 안젤리나(원피스)를 입은 사람들 중에, 만삭인 여인의 배보다 더 튀어 나온 남자가 왜 그리 많은지 평균수명이 60세라는 말이 이해가 간다. 히잡(머리를 가림)을 쓴 여자들은 하나같이 미인이다. 가이드가 "한국 여자들 행복합니다."라며 이곳 여인들은 평생 문밖을 나오지 않는 사람도 있다고 했다.

석유 값이 1리터에 300원이고 물(500원)보다 싼 나라인데 왜 못 살까? 우리나라 70년대 수준으로 산다고 한다.

나일강의 동쪽에 파라오(왕)의 무덤인 피라미드는 고대왕국의 유산이다. 이집트의 피라미드는 기원전 2560년에 4왕조의 쿠퍼 왕을 위해 지어진 것이며 30년에 걸쳐 완성되었고, 높이는 136미터로, 평균 2.5톤의 석회암을 총 230만 개 정도 쌓아 올렸다고 한다.

PIECE OF MIND

Oil Painting on Canvas
7.5 × 7.5 inch

그 피라미드를 지키는 스핑크스는 '살아 있는 형상', 그리스어로 '교살자' 라는 의미로 그리스 신화에 등장하는 상상의 영물이다. 인간의 머리와 가슴을 지녔고, 몸은 사자이며, 등에는 새의 날개를 달고 있었다. 디지털 카메라의 셔터 소리가 짤각대는 틈새를 지나 낙타 트래킹을 했다. 낙타몰이하는 어린이가 가엽게 느껴진다.(한창 학교 갈 나이인데……)

이집트의 상징 피라미드는 무덤이며 죽음의 공간이다. 육신을 떠난 영혼이 다시 세상에 돌아오기를 기다리는 공간이다. 무덤 속의 상형문자와 그림 벽화를 보기 위해 그 속으로 들어갔다.

높고 가파른 층계를 오를 때마다 남편은 구령을 걸었다. "어이샤! 왼손 떼고 오른손 힘주고"를 반복했다. 왕의 무덤 내면의 벽화는 꽃과 식물의 열매를 사용한 자연 물감으로 그린 것으로, 상형문자로 일기 쓰듯 써놓은 고대인의 지혜에 감탄이 절로 나왔다. 절대적인 신을 인정했던 아랍인들은 무슨 공법으로 이렇게 거대한 무덤을 만들 수 있었을까?

밤에는 디너 크루즈를 탔다. 유 선생이 여행에서 남편이 나에게 너무 하지 마라 하지 마라 하는 감시에서 벗어나라고 2층 갑판으로 남편을 꾀어 데리고 간 순간, 나는 흥을 내서 멋있게 발리댄스를 하는 무용수와 같이 막춤을 추었다. 같이 간 여행객들이 박수를 터트렸다.

나는 속이 후련했다. 그래도 그 시간은 겨우 4~5분 정도밖에 되지 않았다. 생각건대 아무리 긴 여행이라도 순간 순간 내 마음의 즐거움이 없으면 좋은 구경도 소용이 없는 것 같다. 이번 여행에서 최고의 즐거웠던 순간은 아마도 그 4~5분이 아니었나 싶다.

바이칼 호수, 몽골 여행

한 번쯤 시베리아 횡단열차를 타고 싶었다. 끝없는 벌판을 힘차게 달리며 창밖에 펼쳐지는 평원, 소도시, 바이칼 호의 진면목을 고스란히 가슴에 담고 오리라는 기대가 나를 재촉하고 있었다.

드디어 나의 꿈이 현실로 다가왔다. 시베리아 문화의 보물창고라 불리는 러시아 이르쿠츠크 도시에 도착한 것은 7월 7일 0시 45분이었다. 이데올로기를 벗어던진 붉은 제국 러시아는 아직도 공산주의 잔재 때문인지 수속이 까다로워 입국이 늦어졌다. 동토의 나라, 우리에게는 멀게만 느껴졌던 곳이다. 그래도 여고시절에 읽었던 《닥터지바고》의 낭만적인 이야기로 애틋하게 기억되기도 하는 러시아를 두 번째 왔다.

고려인이 다닐 수 있는 대학은 이르쿠츠크 시에서만 허락되어 있어 사할린 등에서 온 한인들이 많이 모여든 도시라고 설명했다. 컴퓨터 모니터에서 본 푸른 초원이 눈앞에 다가섰다. 바이칼 호수의 생태계를 전시한 박물관을 둘러보고 리프트를 타고 체르스키 전망대에 올라갔다. 전망대에서 바이칼 호수와 앙가라강 전경을 감상하고 내려와 유람선을 탔다. 바이칼 호수를 조망하고, 오물이라는 생선을 불에 구워 안주삼아 보드카를 마셨다.

"전어 생각이 나네."

부산 강선생이 들먹이는 바람에 모두 웃었다.

앙가라 강의 샤먼바위라 불리우는 바위에는 죄인을 올려놓고 하룻밤 동안을 방치시킨 후 그 다음 날 살아남으면 무죄를 선고했다는 이야기를 들었다.

러시아식 사우나 '바냐'는 강가의 통나무집에 벽돌로 화로를 만든 것이 전부이다. 장작불을 손수 지펴가며 열이 오르면 몸에 물을 끼얹으면서 사우나를 즐겼다. 러시아 사람들은 자작나무 줄기를 물에 적셔 온몸을 때리며 사우나를 하다가 강으로 달려가 물에 몸을 담그고 다시 사우나를 반복한다.

이렇게 하면 혈액순환이 잘 된다고 한다.

이튿날 우리 일행은 바이칼 호수로 갔다. 서울에서 부산 거리만큼 긴 바이칼 호수는 '풍부한 호수'라는 의미로 담수호로서는 세계 최대의 크기와 수심, 오랜 역사를 가진 세계 제일의 귀중한 문화유산이라고 할 수 있는 호수다. 수량은 지구 담수의 20%를 차지하고 있는 장대한 스케일의 호수다.

바이칼 호수 27개 섬 중 가장 큰 알혼 섬으로 가기 위해 바지선을 탔다. 우리는 사람들이 빽빽이 들어선 사이를 비집고 들어가 엉덩이를 걸칠 수 있는 장소를 물색하여 짐짝처럼 실려서 알혼 섬으로 갔다.

알혼 섬을 관광한 후 통나무 목조건물에서 하루를 묵게 되었다. 세계에서 제일 큰 호수의 물이 옆에 있건만, 우리가 사용할 물은 없었다. 세면장은 양치질하기도 어려울 만큼 물이 잘 나오지 않았다. 물의 고마움을 절실히 느끼면서 준비해 온 물로 근근이 하루를 버티고 이르쿠츠크로 다시 왔다.

"대한민국은 좋은 나라구나."라는 생각이 새삼 들었다. 고국을 떠나서야 고국에 대한 애정을 느끼게 되었다.

그렇게도 갈망했던 시베리아 횡단 열차를 타고 몽골의 수도 울란바토르로 향했다. 시베리아란 말은 잠들어 있는 땅의 의미가 있다고 한다.

몽골은 사회주의가 붕괴된 지 10년이 지났건만, 러시아적인 잔재가 남아 있으면서 서구사회의 모습이 공존하는 흥미로운 광경을 볼 수 있었다. 각 역에서 사람들이 만나고 떠나는 만남과 이별의 모습을 대륙열차 간이역에서 느낄 수 있었다. 15분 정차 동안 번개시장이 섰다. 주로 여인들의 의류가 거래되었다.

러시아와 몽골의 국경에서 입출국 수속에 약 3시간 반이 소요되었다. 동시에 화장실 문도 잠가버렸다. 어린 소녀가 용변을 보고 싶어 울어도 화장실 문을 열어주지 않았다.

눈을 좀 붙일까 하면 경찰인지 군인인지 몰라도 노크도 없이 문을 휙 열고 들어와 우리를 열차 복도에 세우고 검색을 했다. 마약탐지견이 어슬렁거리고 죄인 다루듯 불안한 시간이 흘렀다. 24시간을 달려온 횡단열차는 드디어 몽골에 도착했다. 그런 시간을 보상하듯 몽골의 햇살은 따사롭고 가축들은 평화스럽고 유목민의 집 게르도 우리를 반기듯 정겹다.

전통과 현대가 공존하는 도시 울란바토르는 붉은 영웅이라는 뜻이라고 한다. 구 소련제 투박한 자동차들은 점차 세련된 최신형 일제 모델로 바뀌고 있다. 거리 한편에는 소들이 거리를 어슬렁거리고 염소들이 쓰레기통을 뒤지는 모습과 몽골 전통복장 사람들이 거리에 혼재하고 있다.

한편으로는 한국 열기를 짐작할 수 있는 소나타, 갤로퍼, 승합차, 시내버스까지 한국산 일색이다. 심지어 ○○학원, ○○학교 등 한국에서 쓰던 버스들이 글자도 지우지 않은 채 다녀서 한글의 정겨움까지 느껴졌다.

푸른 초원을 가로질러 테를지 국립공원으로 이동해서 샤머니즘적 흔적이 물씬 풍기는 성황당 및 거북바위 등 기암괴석을 구경했다. 테를지에서 몽골 전통가옥 게르를 보면서 유목민들의 삶을 간접적으로나마 경험할 수 있었다. 그들이 매일 마시는 우유차, 우유를 발효시킨 마유주, 우유를 증류한 전통적인 몽골 술 등을 직접 먹었다. 양을 바로 현장에서 잡아서 만든 허르헉이라는 유목 음식도 먹었다. 허르헉을 먹으면서 우리는 애국가와 아리랑을 불렀다.

각자 배정받은 숙소로 오는데 약속이라도 한 듯 모두 밤하늘을 바라보았다. 별들이 손에 잡힐 듯 가까이 있다. 파노라마처럼 펼쳐진 하늘의 별자리를 감상해본다.

초원에서의 승마체험을 한 시간 넘도록 하면서 나는 마음속 깊이 생각했다.

'징키스칸의 몽골! 다시 한 번 찾을 수 있었으면……'

일흔이 가까운 내게 이번 몽골 여행은 의미 있는 체험이었다.

아름다운 세상

하루가 여삼추 같다는 세월이 온데간데가 없다. 한참 젊었을 때엔 시간이 가지 않아 마음이 바빴는데, 요즘엔 노령이라선지 잡아도 잡아도 시간이란 놈은 번개 총알처럼 마구 달린다.

한겨울이 지나 겨우 봄이 왔구나 싶더니 벌써 여름이 가고 가을 문턱에 섰다. 봄과 여름을 섞어가며 입던 옷가지들을 세탁할 요량으로 챙겨본다. 내가 빨아야 할 것은 통에 담고 세탁소에 보낼 것들은 차곡차곡 한 곳에 쌓는다. 그런 후 농문을 열고 오는 계절에 입을 옷을 챙긴다. 그러다 보니 수년을 입지 않고 있던 것들이 농 바닥에서 나온다. 낡기도 하고 입기도 곤란한 것들이다. 헌옷 수거함에 넣으려 요것들은 따로 챙긴다. 그러다 '이거 낭패네. 이 옷가지들보다 내가 먼저 수거함에 들겠다. 무슨 세월이 이리도 빨리 흘렀노! 내가 칠순이라니.' 하는 생각에 손이 멈추어졌다. 한참 나이에 전업주부가 되어 삼십수 년을 중매 서는 일에 홀랑 빠져 살다 보니 가는 세월을 몰랐다.

이젠 기운이 예전 같지 못하고, 행동도 어설프다. 마음은 아직 청춘인데 이거 될 일 아니다 싶어 하던 일을 멈추고 자리에서 벌떡 일어났다. 요즘의 초등학교 같은 시절, 아침 조회시간에 선생님의 구령에 맞추어 하던 맨손체조를 해봤다. 몸이 장승이 되었는지 말을 잘 듣지 않는다. 마치 일본 스모선수 같다. 사십대만 해도 일에 열정을 쏟아온 날들이 꿈만 같다.

혼자 거실에 앉아 창밖을 보며 나를 되새겨 본다. 아직 청춘이라 하던 일을 계속해야 한다는 생각을 더 강하게 해본다. 그러려면 몸도 가벼워야 하지만, 생각도 늙지 말아야 한다고. 한창 나이 때엔 아날로그 시대라 그렁저렁 일을 해나갈 수 있었지만, 지금은 디지털 시대에다 스마트폰까지 나와 한순간에 보이지 않는 파장이 온 세상을 후딱 돌고 오는 시대이니 거기에 맞추어 살아야 한다. 체중도 줄이고, 높은 혈압도 낮추고, 운동을 해서 허리통증도 없애야 한다. 나는 평생을 인내와 의지, 그리고 자신감을 가지고 새로운 일들을 개척하며 살아왔다. 그것도 즐겁게. 그래서 내가 하는 일에 닥쳐오는 난관들은 아무리 어려워도 모두 헤쳐 왔다. '나는 여기서 멈출 수 없다. 좌절할 수 없다. 내 나이가 노령이라 해서 정신까지 노령일 수 없다.' 고 혼자 다짐하며 내 인생에 새로운 활력을 불어넣기로 했다. '하고자 하면 뒷골목 야시가 도와서라도 이루어진다' 는 평소의 확신처럼 이번에도 뒷골목 야시가 나를 도왔는지 힘찬 전진을 다짐했다. 세상이 다시금 아름답게 보이는 계기가 되었다.

건강보험공단 지원으로 기체조를 강습한다는 노인회장의 안내방송이 들렸다. 지원해 보니 내가 노인당의 최연소자였다. 기체조 선생의 지도에 따라 열심히 했다. 3주가 지나니 뻣뻣하던 목이 먼저 유연해지기 시작했다.

가슴을 쓸어내리고 배는 시계방향으로 두드린다. 리듬에 맞추어 돌기도 하고, 하나 둘 셋 하며 기합도 넣어 본다. 그런 후 방바닥에 반듯이 누워 명상도 한다. 끝으로 원을 그리며 회원들이 서로 등을 두드려 주며 합창도 한다. 친목을 도모하는 기체조 시간이라 마냥 즐겁기만 하다. 모두들 고마운 마음에 마치고 떠나는 기체조 선생에게 손을 흔들며 환호로 배웅도 한다. 두 달 가량 지나니 뱃살이 눈에 띄게 빠지고 체지방이 2킬로그램이나 빠졌다. 마음도 즐겁고 몸도 정신도 경쾌하다.

시간 나면 집에서도 한 번에 삼십 분씩 기체조를 한다. 다섯 달이 지나니 불필요한 군더더기 살들이 빠지고 몸이 날쌘 제비 같다. 속이 더부룩하던 증세도 사라지고, 대패로 민 듯 뱃살도 빠졌다. 몸매가 젊은 시절처럼 좋아지니 숨어 있던 좋지 못한 증세가 나타났다. 마산의료원에 갔더니 달걀보다 작은 지방종이었다. 날을 잡아 약 한 시간가량 걸려 수술을 했다. 집도한 담당외과의사 선생이 수술 결과를 말해 주었다. 조금 더 컸더라면 위험할 뻔했다고 했다. 수술할 때 스트레스에 의한 종양도 있어 절개수술을 같이했다고 한다. 역시 뒷골목 야시가 나를 돕긴 도왔구나 하며 삶의 자신감이 나를 기쁘게 했다.

몸이 어느 정도 회복되면 기체조 선생에게 고마운 마음의 표시도 해야 할 것 같았고, 노인당의 회장님과 회원 오빠 언니들에게도 인사로 한턱 써야겠다는 생각도 했다. 기체조도 멈추지 말고 계속해야겠고, 가능하다면 어린아이들과 어울려 태권도도 배우고 싶다. 하기야 남들이 주책이라 할지 모르지만.

'호박이 늙으면 단맛이 나듯 나도 단맛이 나야겠다. 그리고 헌옷은 수선해서 아프리카로 보내듯 나도 아프리카의 기아들을 위해 기아기금 모금의 중간자가 되어야겠다. 또 젊은 청춘들의 화창한 앞날을 밝히는 중매일도 더 열심히 해야겠다.' 다짐하며 세탁물을 들고 세탁소 문 앞에 당도하니 폰이 울린다. 폴더를 여니 막내아들놈 목소리가 맑게 들렸다. "엄마, 쌍둥이 손녀 재롱이 담긴 USB를 컴퓨터 앞에 두고 갑니다." 한다. 세탁물들을 빨리 건네고 쏜살같이 집으로 돌아간다. 요놈들의 재롱을 봐야지.

텃밭을 가꾸며

1960년대만 해도 우리들은 목숨을 이어가기 위해 사투를 했다. 땅에서 나는 곡식 한 톨에 명줄을 달아매고 살았다. 살아남을 수 있는 것은 오직 노동의 힘뿐이었다. 그러나 물질은 열악했지만, 인간애는 풍성했다. 인간애가 넘치다 보니 오히려 이 인간애가 친족 간의 갈등, 이웃 간의 갈등을 초래하는 경우도 없지 않았다.

그러다 60년대를 넘기며 새마을운동이 정부정책에 따라 일어나고, 모든 사람들이 새마을노래를 부르며 산업현장에서 노력을 기울인 결과 생활이 조금씩 안정되게 되었다. '잘 살아보세!' 란 피맺힌 구호가 결국 오늘날과 같은 결실을 맺게 한 셈이다.

흘러간 대중가요를 간간이 부르며 추억 삼아 옛날을 되새겨도 본다. 이 사투와 생존의 아픔이 응어리가 되어 맺힌 일들은 까마득히 잊어버리고 우리는 살고 있다.

인간에게 있어 살아온 세월 중 좋은 일들은 기쁜 기억으로 남고, 아픈 일들은 좋은 추억으로 남아 앞날의 교훈이 되기도 한다. 그래서 좋았던 일이든 아팠던 일이든 모두 사람에게 있어 그윽한 향기가 된다.

그러나 이천년대에 들어선 우리들은 이런 추억이 전혀 없는, 하늘에서 복덩어리를 짊어지고 이 지상에 툭 떨어진 사람처럼 살고 있다. 예컨대 아들에게 밥상머리에서 떨어진 밥톨을 주워 먹으라 하며, 내 클 때엔 이런 것도 귀했다 하면 "아버지! 라면 끓여 드시지!" 하더라는 말이 예사롭게 나오는 시대가 되었다. 왜 잘살게 되었는지, 왜 정답게 살아야 하는지, 왜 다 함께 어울려 살아야 하는지 알 수 없는 사회가 되고 말았다.

나는 이 점이 참 가슴 아프다. 세상이란 결코 자기만 잘살면 되는, 무한 겁으로 죽지 않고 잘살 수 있는 곳도 아니다. 하지만 요즘 우리들은 자기에게 맞지 않는 일들은 조금도 허용하지 못하는 세상, 자기를 위한다면 타인의 아픔은 아랑곳하지 않는 사회, 나는 이런 사회의 단면을 요즘 경험해 보고 있다.

그러나 사람은 자연의 일부이다. 사람은 언젠가는 자연으로 돌아가게 된다. 진정한 풍요로운 사람의 세상으로.

지난봄의 이야기이다. 이날은 일찍 퇴근하고 빨리 귀가하게 되었다. 내가 사는 동 앞에 들어서니 왁자지껄했다. 서른 남짓 된 청년이 고래고래 고함을 치고 있었다. 누구는 아파트 땅에 채소를 심어도 되고, 우리 어머니가 심은 채소는 왜 뽑았는지 그냥 두지 않겠다고 따지는 소리였다. 또 뽑은 사람이 통장 짓이라고 단정하고 그 여자도 길들여야겠다고 기세가 등등했다.

오지랖 넓게 내가 나서 진정을 시켜 좋게 끝이 났다. '나도 아파트 담장 밑에 고추며 피망, 토마토를 몇 포기 심어 놓아서 그 심정 안다' 고 하며. 그런 후 내가 가꾸는 밭으로 갔다. 그런데 이게 웬일인가. 어안이 벙벙한 일이 내 눈앞에 벌어져 있었다. 심은 지 겨우 일주일 정도 된 토마토와 피망, 고추 모종들이 부러지고 뽑혀진 채 나뒹굴고 있었다.

내가 채소 가꾸는 이 자리는 고양이똥, 개똥으로 모기 등

벌레가 들끓어 창문도 열 수 없을 지경이라, 흙을 한 트럭 사다 부어 만든 밭이다. 폐타이어 · 깡통 · 비닐뭉치 · 깨진 유리병 등 쓰레기 무더기를 제거하고 만든 밭은 열댓 평이나 되었다. 그러나 이 밭도 원하는 이웃들이 많아 그러라고 허락하고 보니, 내가 일굴 밭은 큰 나무그늘 밑 몇 평 안 되는 땅이었다. 밭으로 일구기엔 어려운 땅이었다. 그래도 밭을 만들어 채소를 심어 키웠다. 같이 밭을 가꾸는 이웃들은 어설프다며 핀잔 아닌 핀잔을 준다.

곰곰이 생각해 보니 소란 떨던 그 청년이 생각났다. 그 청년과 어머니를 만나 왜 그랬냐고 따지니, 미안하다는 말은 한마디도 없이 자기가 당한 일에 비하면 아무것도 아니라고 한다. 기가 막혔다.

이 청년이 자기 어머니가 일구는 밭을 내가 엉망으로 만들었다고 보복한답시고 내 밭에 이 짓을 한 것이다. 자기의 아픔은 아픔이고 남의 아픔은 아픔이라 여기지 않는 사회의 한 단면을 여기에서도 보게 되었다.

나는 내 자식들이 허리가 꺾이고, 다리가 부러지고, 피범벅 만신창이가 된 느낌이었다. 아픔이 깊어 그냥 팽개쳐 버릴 수만은 없었다. 혹시나 살아날까 싶어 그들을 모아 다시 심어놓고 정성을 기울였더니 토마토 다섯 그루와 피망 세 그루가 되살아났다. 주렁주렁 달린 토마토는 잘 익어도 따지를 못했다. 마음이 아파서. 농해 떨어진 몇 낱만 주워오곤 했다. 이후론 머위, 방아, 취나물만 심었다. 이들은 생명력이 강해 요즘도 서로 다투듯 잘 자라고 있다.

한바탕 인간사 놀음이 왁자지껄하게 들끓었던 일이 우리 아파트의 주민들에게 어떤 영향이나 각성이 되었는지, 이웃들은 서로 언니 동생 하며 화기애애하다. 화기애애하다 보니 채소류 재배는 그만두고 향기 좋은 장미 등 꽃나무를 심어 새들도 노래하는 아름다운 동네를 만들자고 요 며칠 사이 이구동성 입방아를 찧고 있다. 나도 역시 찬동하고.

어찌 보면 하질것없는 피망과 토마토 몇 그루가 우리 아파트 단지를 사람들이 좋아하는 새로운 세계로 만들기 시작했다.

'그래, 그렇지! 사람이 아무리 매정스럽게 살고, 인정머리가 코딱지만큼도 없게 보여도 역시 사람도 자연이라 자연을 그리워하고, 종내 자연으로 돌아갈 수밖에 없지!' 하며 창 아래 텃밭을 물끄러미 내려다보며 감회에 젖는다.

SHYNESS

Oil Painting on Canvas
7 ×5 inch

속고 사는 세상

화창한 날이었다. 눈에 보이는 산이며 바다가 아름답고, 수천만 리 먼 하늘도 내 가까이 다가와 도란도란 속삭이는 것 같은 날이었다. 둥둥 떠가는 구름도 왠지 나에게 한아름 행복이란 빨간 장미꽃을 백만 송이나 들고 내려오는 것 같았다. 환갑 진갑도 잘 넘긴 이 나이에 자연과 호흡하며 바깥양반과 오순도순 살 날이 코앞에 다가왔다는 마음에 나는 한없이 기뻤다. 내 사는 마산에서 그렇게 멀지 않는곳, 난포에 있는 산에 손바닥만 밭 한 뙈기를 산 것이 이렇게 나를 기쁘게 했다.

새벽 4시 이 땅을 소개한 후배의 차로 이곳에 갔다. 오전 11시에 측량하기로 약속이 되어 있어 미리 제초작업을 하기 위해서다. 제초작업을 겨우 약속시간 전에 마치고 기다렸다.

신데렐라 꿈에 부푼 소녀처럼 기다리니 측량할 공무원 세 사람이 왔다. 측량 준비를 하다가 멈추더니 나에게 와서 "이 땅이 맞습니까?" 하고 물었다. 나는 소개한 후배를 믿고 땅의 위치는 확인하지 않아서 "신청서에 적힌 대롭니다."라고 했다. 담당공무원은 "혹시 번지를 잘못 아신 것 아닙니까?" 하고 의아한 표정을 지었다. 나는 말문이 막히고 황당해졌다. 그러자 담당공무원은 나에게 설명을 했다. 지금 측량을 요구한 곳은 537번지 땅이고, 신청한 534번지 땅은 산 위로 한참을 더 올라가야 한다고 했다. 능선 바로 밑 같았다. 나는 억장이 무너져 내렸다. 담당공무원에게 정확하게 알아본 후 다시 측량하자고 했다. 그러자 이분들은 측량하지 못하였으니 출장비를 제외한 나머지 금액을 통장으로 입금해 드리겠다고 하고 돌아갔다.

미안하다는 인사도 못한 나는 멍해졌다. 청천벽력이었다. 나도 나이지만, 바깥양반에게 뭐라 해야 할지 암담했다. 땅이라야 겨우 105평, 국가 공부상 344제곱미터밖에 되지 않는데, 허허, 날벼락도 이런 날벼락은 없었다. 산 땅은 매도인이 같은 아파트에 사는 교장선생의 소유에다 돌담이 둘러져 있는, 사람이 살았던 예쁜 밭이었다. 소개도 후배가 했으니 아니 믿을 수도 없었다. 그런데, 이게 참, 말이 아니었다. 남편도 두 번이나 버스를 타고 갔다 오고, 나도 친구와 서너 번 갔다 온 곳인데.

나는 이 땅을 사놓고 가슴이 부풀었었다. 바깥양반도 비록 자가용 차는 없지만 주말농장으로 안성맞춤이라 좋아했던 땅이었다. 무얼 심어 거기에서 나는 수확을 가까운 친지에게 나누어 줄까? 하며 밤에 잠도 설치며 이 궁리 저 궁리해 보던 땅이었다. 그것도 일년 동안을.

이 땅을 소개한 후배는 자기도 분명히 속았다고 하며 교장선생과 의논해서 직접 해결하겠다 했다. 이때에 바깥양반의 전화가 왔다. 수고한 후배에게 맛있는 점심밥 사 주라고. 이때에 나는 더 난감해졌다. 그러나 어쩌랴. 그냥 돌아올 수밖에.

마침 이날 저녁 경남문학관에서 김남조 시인의 문학특강을 들었다. 황혼을 맞는 시인은 아름답고 고왔다. 온몸 가득 시의 향기가 그윽하게 풍겼다. 이 특강시간은 어처구니없는 일이 벌어진 나에겐 특효약 처방전과 같았다. 나는 다시 한 번 나에게 속삭였다.

'그래, 나도 저 시인처럼 향기를 가진 여인이 되어야 한다. 속 깊이 품격을 갖춘 여인으로 곱게 늙어야 한다.' 고.

이렇게 내가 나에게 소곤거리다 보니 막혔던 기가 뚫리고 숨을 내쉴 수 있었다.

"이게 뭐라고. 하루아침에 수억을 날려릴 수도 있다. 그러나 내가 허참, 기가 막혀 숨이 넘어갈 지경이 되다니. 힘내자! 숨을 크게 들이쉬며 내 온몸 가득 향기로 채우자." 하며 가슴을 쫙 펴고 숨을 크게 들이마셨다.

그런 후 문 열고 집을 들어서니 바깥양반이 나에게, "오늘 수고 많았소."라고 했다. 미안하기 짝이 없었다. 내 방에 앉아 나는 나를 위로했다. "아니야, 산꼭대기 땅을 평당 6만원이라니 바가지를 쓰긴 썼어. 그래, 후배가 돈이 급한 김에 대충 밀어붙였다가 되팔아 주려다 뜻대로 아니 되어 그렇겠지. 그래, 20년 전으로 돌아가 보니 그때도 이런 일이 있었지. 창원에서 점포를 샀으나 가짜 매매서 사건 때문에 손해를 보았지. 인연 치고는 참 이상한 인연이구나. 산꼭대기 땅이면 어때." 하고 스스로를 위로했다.

그때 비 오는 소리가 났다. 마치 내 마음속에 내리는 비처럼. 추적추적 내렸다. 나를 자책하는 아픔 같은.

"자자. 내일 아침 눈 뜨면 세상은 환하겠지. 다시 맑은 정신으로 새 아침 새 정신으로 주위를 말끔히 쓸자! 아침이면 언제나 좋은 세상은 열리는 법이니."

하고 또 한 번 내 어깨를 토닥거리며 잠시 소파에 등을 기대어본다. 마치 암탉이 오리알을 낳고 장닭으로부터 매 맞는 심경 같은….

그러자 비가 멎는지 밖이 조용하다.

자애로운 산

수억만 년을 우뚝 솟아 광풍과 폭우를 견디며 살아온 산, 산은 오늘도 말이 없다. 험준한 준령도 스스로 깎고 다듬어 할머니의 자애로운 마음을 간직한 듯 완만한 곡선을 이루는가 하면, 할아버지의 위엄을 갖춘 듯 조금은 억세고 근엄한 산, 산은 간혹 헛기침을 한다.

내가 비척거리며 한 발 한 발 내딛을 때마다 가슴 조마조마하며 내색 한 번 하지 않고 자는 듯 누워만 있다. 가다가 허리를 베고 벌렁 누워도 보고, 등에 올라 준마를 타는 흉내를 낼 때는 모른 척 몸부림치듯 뒤척이기만 한다.

넓적한 엉덩이에 올라앉아 숨을 고른다. 배낭을 내려놓고 한 모금 물을 마시며 땀을 훔치면 흠뻑 젖은 바지를 털어 볼 생각도 아니 하고 싱긋이 웃기만 한다. 그러면서 숨이 많이 차냐고 지나가는 말 같이 한 말씀 던져온다. 이런 산이 좋아 어린 소녀가 되어 시간 나면 산을 또 오른다.

산은 나를 불러 인자한 목소리로 등을 툭툭 치기도 하고, 어깨를 만져주기도 하며 내가 알아듣던 아니든 그저 몇 말씀 한다.

"사람은 사람이야! 들짐승도 아니고, 날짐승도 아니고, 벌레도 아니야. 사람은 아무리 그래 싸도 사람인 게야."

어릴 때엔 무슨 말씀인지 모르고 고개만 끄떡끄떡했는데 요즘은 조금은 알아듣기라도 하듯, 씩 하고 웃기도 한다. 어떤 날은 그 말씀이 하도 칠흑 밤 같아 답답해서 산에 올라, 혹시나 무슨 말씀인지 풀어서 한 말씀 해주지나 않을까 하고 넌지시 기대해 보기도 한다.

내 마음을 산이 먼저 알았을까.

"허허허 성질도 급하구나, 좀 기다려 보면 곧 알게 된다. 이거 하나 먹어볼래?" 하며 돌복숭 하나를 내 눈 앞에 바싹 들이댄다. 엄청난 영약이거니 하고 받아 와싹와싹 씹어 먹는다. 그리곤 씁쓸한 맛을 씻기 위해 다시 물 한 모금을 더 마신다. 이런 내 모습을 보고 "원래 몸에 좋은 것은 다 쓰니라." 하시며 껄껄껄 웃으신다.

산은 사해대지를 온통 품에 안고 우뚝 솟아 있다. 뭉게구름 먹구름이 다가와 눈을 가리고 귀와 코를 막고 입을 막아 숨을 쉬지 못하게 분탕질을 해도 죽은 듯 가만히 있다. 결코 저항을 하거나 반격하는 몸짓은 하지 않는다. 제 할 짓 다 한 어떤 구름은 죽었다 여기며 떠나고, 어떤 구름은 혀를 차며 떠난다.

온갖 구름들이 다 떠나고 나면 산은 발치에 앉아 이 광경을 바라보고 있는 나에게 말한다.

"봐라! 원망할 것도, 괴로워할 것도 없는 기라. 뭉게구름 같은 아름다운 구름도 허망한 것이고, 시꺼먼 먹구름도 알고 보면 제 혼자 추는 한 판 싱거운 몸짓일 뿐이야! 알겠냐?"

할아버지 어깨에 올라앉아 놀다가 문득 궁금증이 났다. 할아버지에게 물었다.

"할아버지, 할아버지는 할머니하고 다투지는 않습니까?"

할아버지는 허허 웃으시며,

"왜 안 싸워. 매일 싸우지."

마침 옆에서 듣고 있던 할머니가 긴 장죽 담뱃대를 내려놓으시며,

"맞아! 매일 싸우지. 저 영감탱이가 고집이 세서 안 싸우고 되나."

나는 이 말씀이 궁금해서 다시 물었다.

"할머니, 할아버지 고집이 얼마나 셉니까?"

"니 봐라. 올라오는 젊은 처자를 보면 얼른 손을 잡아 주제, 내려가는 아이를 보면 덥석 안고 저 아랫길까지 데려다 주고 헐떡거리며 뛰어 올라오질 않나. 젊은 머슴아들이 소주를 마시고 훌쩍훌쩍 뛰어 내려가면 다칠까 싶어 애를 안 태우나! 내가 제발 그러지 말고 모른 척 내버려두라 해도 저 영감탱이 성질이 별나서 꼭 따라다닌다 말이다. 그래서 그만하라고 한마디 하면 버럭 화를 내며 고함을 안 지르나. 그러니 매일 싸우제."

"야야, 저 할망탱이 말 듣지 마라! 저 할망탱이 말 대로 하면 머리 안 깨질 아 없고, 다리 안 부러질 아 없다, 알것나! 그러니 안 싸우고 되나."

할아버지는 그러면서 들고 있던 곰방대를 탕탕 치신다.

할아버지와 할머니가 매일 다툰다는 그 사연을 생각하며 울퉁불퉁한 바위를 조심조심 내려오니 산 할아버지가 큰 소리로 말씀하신다.

"야야, 조심해라. 힘이 부치면 큰 소리로 날 불러라. 내 니 업고 내려다 주마.”

이때 할아버지 말씀이 채 끝나기도 전에 할머니가 한 말씀 거든다.

“저 영감탱이 버릇이 또 나온다. 젊은 처자만 보면 쪽을 못 쓰니……, 쯧쯧.”

마을 입구에 당도하니 ‘허 참, 허 참!’ 하시던 할아버지의 음성이 아직도 들린다.

오늘도 혼잣말로 중얼거려 본다. 산은 산이 아니고 나는 내가 아니구나.

진한 녹차 한 잔의 맛

올여름은 더워도 모질게 더웠다. 일기예보에서도 십년 만의 무더운 더위라 했다. 그래서 그런지 여름이 넘어가는 끝자락에서 추풍낙엽이란 말처럼 차례도 없이 무더기로 상이 난다.

살아온 세월을 경험으로 보면 겨울을 넘긴 봄이 오거나, 여름이 가고 가을이 접어들면 하나 둘 가긴 가는데, 막 가을로 들어서기도 전에 상이 난리가 난 듯 나니 올해는 별난 철인가 싶다.

이런 날씨에 난리가 나는 것은 하늘이 뭔가를 정리하려고 그런다는 말들을 하는 사람도 있다. 그러나 땅 위에 사는 나는 이런 말은 알 수 없다고 접어두더라도 뭔가 심상치는 않다. 느낌이 별로이다. 가만히 생각해 보면 하늘이 어떻다고 하는 것도 사람이 일으킨 일에 대한 일이니 결국 무슨 일이든 사람 각자가 한 일에 대한 대가라 보면 쉽게 풀이가 되지 않을까 싶다.

내가 아는 이의 남편이 별세했다는 전갈을 받고 마산의료원 장례식장에 문상을 간 일이 있었다. 빈소에 들어서니 안상주가 바닥을 치며 울고 있었다. 문상객이 줄을 서 있어도 아랑곳하지 않고 계속 통곡하고 있었다.

흔히들 하는 말에 '사람은 오는 날은 순서가 있지만, 가는 날은 순서가 없다' 고 하는 말이 문득 생각난다. 올 때에는 어떻게 오든 갈 때에는 가는 날이 되면 무슨 일이 있어도 가는 법, 남은 사람이 붙잡는다고 아니 가는 법은 없다. 옛 어른들 말씀처럼 올 때에 이미 갈 날이 정해진다고도 하고, 갈 날이 정해져 있어도 이 세상에서 하는 행동에 따라 약간의 편차는 있다고도 한다. 또는 하는 행위에 따라 가는 길이 달리할 수 있다고도 한다. 그러나 일반사람은 가는 길이 어떤 길인지 잘 알지 못한다.

어떤 사람은 이런 말을 하기도 한다. 문상 온 객들을 보면 세상 떠나는 분이 어떻게 살았는지를 안다고. 상가에서 흔히 하는 말은 "정승 죽으면 문상객이 적고, 정승의 말 죽은 곳엔 문상객이 많다"고 한다.

이런 말들은 차치하고, 길지는 않지만 세상을 육십 넘게 살다 보니 느끼는 것은 있다. 사람은 살고 있을 때에 빛을 보고 명성을 날리는 사람이 있는가 하면 세상을 뜨고 난 후에야 그 빛이 찬란하게 빛나는 사람이 있다는 것을.

대개 사람들은 사람이 살아 있을 때에는 그 사람이 어떤 사람인가는 잘 모른다. 또 잘 알려고도 하지 않을 뿐만이 아니라, 그 진정한 값어치는 염두에도 없다.

특히 세상을 살 때에 욕심도 없고, 남들에게 돋보이기를 원하지 않는 소박한 삶을 사는 사람은 자신의 주어진 삶을 최선을 다해 묵묵히 살다가 간다. 남을 위하면서도 위한 것을 드러내지도 않고 살다 그저 조용히 눈을 감고 소리 없이 떠난다. 온 흔적도 살던 흔적도 별로 남기지 않고 그냥 가볍게 간다.

가장 평범한 삶을 가장 평범하게 살며, 자연의 이법에 맞게 살다 가기 때문이다. 이 사람이 세상을 떠난 후 한참을 지난 어느 날 이 사람으로부터 은혜를 입은 사람들이 우연히 세월을 돌이켜 보며 한마디 한마디 한 말들이 이 사람이 예사로운 사람이 아니라는 걸 알리는 계기가 된다. 이때에야 사람들은 칭송을 아끼지 않는다. 이미 떠난 사람은 이 칭송을 바라는 것도 아니고, 이 칭송이 그 사람에겐 사실상 별 도움도 되지 않는다. 다만 산사람이 산사람끼리 주고받는 말일 뿐.

그러나 이렇게 평범하게 살다 간 사람에 대한 칭송은 살고 있는 어떤 사람이나, 후세사람에게 우연찮은 감동을 갖게 한다. 나는 이런 사람의 삶이 위대한 명성을 남기고 가는 위인에 못지않은, 어쩌면 더 훌륭한 삶을 살고 간, 성인에 버금가는 사람이라 본다.

반면 세상을 살 때 "살기 위해 어쩔 수 없다." 하며 사람답지 않게 삶을 산 사람은, 누가 무슨 말을 하지 않아도 스스로 회개의 말을 하고 떠난다. 어떤 사람이 "왜 그럴까?" 하고 묻는 사람이 있다면, 나는 "사람이기 때문이다."라고 말하고 싶다. 아니면 "다 안다. 알기 때문이다."라고 말하고 싶다.

안면이 있는 안상주의 피 끓는 애절한 곡성이 내 귀에 쟁쟁 울린다.

"여보, 내가 잘못했소! 남의 눈도, 자식의 눈치도 팽개치고 너무 잘못했소! 염통 썩는 큰 죄 숨기고 손톱 밑 가시로 당신의 눈을 흐리게 한 죄 잘못했소!"

차 한 잔 마셔야겠다는 생각이 불현듯 일었다. 부젓가락으로 하루종일 화롯불을 뒤적이며 얹어놓은 주전자에 항상 녹차를 끓여 마시게 하던 할머니. 그 할머니의 녹차 맛은 아니라도 진하게 끓여 한 잔 마셔야겠다. 그래야 갑갑한 속이 조금 풀릴 것 같다.

| 제4부 |

만돌린

나는 오월이 오면 기다려지는 꽃이 있다. 아카시아 꽃이다. 누가 나에게 왜 오월이 기다려지느냐고 물으면, 별 의미는 없다고 하면서도 매년 기다려지는 것은 이 꽃 때문이지 싶다. 이 꽃의 향기는 나를 내 고향 하동으로 데려간다.

어느새 뒷산 밤밭에 나를 누이고 머리에 하얀 꽃들을 꽂아 준다. 부채를 부치듯 살랑살랑 바람을 일으킨다. 약한 바람은 은은하게, 강한 바람은 짙은 향기로 나의 온몸을 감싼다. 기가 막히도록 풍기는 그 향기에 취한 나는 지그시 눈을 감고 어떤 세상으로 날아간다.

끝없이 펼쳐진 들판에서 나비를 쫓아다니기도 하고, 상상의 동물들을 만나 그들 속에 묻혀 그들과 내 몸이 녹초가 되도록 논다. 그러다 정신을 번쩍 차리고 내 집으로 돌아온다. 눈을 뜨면 아카시아 꽃들은 어디론가 가고 없고 밤꽃이 핀다. 오월 말 혹은 유월 초.

환갑을 훌쩍 뛰어넘은 이 나이에도 아카시아 꽃은 어김없이 나를 고향으로 데려간다. 나는 아카시아 꽃향기에 취한 채 세월을 보낸다.

어머니의 손이 바쁘다. 당장 입을 옷 몇 가지와 가재도구 몇 가지를 보따리에 싼다. 언니 오빠와 나를 데리고 집을 나선다. 너뱅이들을 지나 황천강을 건너 강선저수지를 지나 읍내에서 삼십 리가 넘는 논두렁을 타고 걸어서 재를 넘어 고전면 성천리 산마을로 들어간다. 이곳 사람들은 맨발로 살고 있는 사람도 있었다. 모두 새까만 사람들이었다. 마치 아프리카 토인처럼.

겨우 얽어맨 집 방바닥은 거친 수수깡대가 깔려 있고, 벼룩과 빈대가 득실거렸다. 어머니는 이곳으로 우리를 데리고 피난 온 것이다. 사흘 밤을 지나고 나니 내 몸은 성한 곳이란 없었다. 빈대와 벼룩에다가 숲속에 있는 이름 모르는 벌레에 물려 빼꼼한 곳이 없었다.

나는 도저히 참고 견딜 수 없어 몰래 빠져나와 재를 넘어 집으러 갔다. 집엔 할머니 두 분이 남아 계셨다. 할머니 곁으로 가기 위해 산이 높든 길이 험하든 나는 안중에 없었다. 무작정 우리 집 하나만을 눈앞에 두고 무작정 내달렸다.

적량면 돌다리를 막 건너는 순간 포탄이 터지기 시작했다. 비행기가 날아와 폭격이 다시 시작되었다. 계속 포탄이 퍼부어졌다. 여기저기에서 혼을 빼가는 폭탄 터지는 소리가 나면 논두렁에 몸을 숨기며 간신히 이십 리를 더 달려 집에 도착했다.

안도의 숨을 내시며 집에 들어서니 군인들이 꽉 들어차 있었다. 당시 나쁜 사람들이라고 들었던 인민군들이었다. 그래도 큰 방만은 비어 있었다.

시간이 조금 흐른 후 보니 이웃집에 살던 아줌마가 우리 집에 있었다. 아줌마는 인민군들을 앞세워 주인행세를 하고 있었다. 그리고 뒷산 밤나무 밭엔 수십 마리의 말들이 새끼줄로 매어져 있기도 했다.

마침 그때에 만돌린 켜는 소리가 들렸다. 나는 정신이 번쩍 났다. 그 소리 나는 곳으로 고개를 돌렸다. 소년 병사가 만돌린을 뜯고 있었다. 가만히 보니 내 오빠의 것이었다. 누구도 이 악기는 만져 볼 수 없는 악기였다.

오직 오빠만 만질 수 있는 오빠의 전용물이었다. 어린 마음에도 나는 화가 났다. “우리 오빠만 만질 수 있는 저 귀한 악기를 누가 만지노?” 하며 그 인민군에게 달려갔다. 그가 들고 있던 악기를 뺏으려 했다.

그 소년병은, “갓나새끼!” 하며 나를 노려보며 가만 있으라 했다. 나는 그들에게 덤벼들었다. 나는 갓난아이가 아니고, 손가락을 꼽아 보이며 일곱 살이라 했다. 내년에 학교 갈 거라 했다.

지금 생각해 보면 어처구니없는 일을 내가 벌였던 것이다. 무슨 말인지 말귀도 알아듣지 못하는 어린 나이에 무슨 용기가 생겨 그런 일을 했는지 웃음이 절로 나오는 일을 저질렀던 것이다. 그러나 당시엔 오빠에 대한 존경심이 그런 엄청난 용기를 갖게 했던 것이다.

내가 집에 돌아오기 전 할머니에게 인민군들은 닦달이 심했던 걸 몰랐다. 우리 집에 양자로 와 있던 오빠가 경찰관이어서 우리 집을 요시찰 대상으로 지목하여 점령하고, 양자오빠를 찾아오라고 할머니를 괴롭히고 있었다. 나는 그것도 모르고 집에 돌아갔었다.

할머니는, “나는 모른다. 죽었는지, 살았는지.” 하며 하루하루 명줄을 걸어놓고 줄타기를 하고 있었다. 이런 난리 통에 내가 만돌린을 뺏으려 했으니 얼마나 기가 찬 노릇이었던가, 생각해보면 두려운 순간이었다.

그러던 어느 날 밤 주황색 불빛이 튀어 오르더니 밤하늘이 발갛게 달아올랐다. 하동군청이 폭격을 당했다고 했다. 그런 이틀 뒤 낮에 느닷없이 쥐가 줄지어 우리 집으로 들어왔다. 그것도 한 줄로 서서. 어린 쥐는 큰 쥐가 업고 들어왔다. 이 희한한 광경을 보던 노 할머니는 혼잣말로 "이젠 얼마 안 남았네."하시며 나를 큰방으로 데리고 갔다.

그날 밤 길 건너 기와집에 폭탄이 떨어졌다. 비행기의 폭격은 계속되었다. 인민군들은 서로 동무, 동무 하며 말들을 풀어 달아났다. 나는 잠을 한숨 잔 후 눈을 뜨니 내 머리맡에 만돌린이 놓여 있었다.

당시 철부지 나이에 용감하게 덤벼든 그 힘이 오빠의 만돌린을 내 머리맡에 있게 했는지 모르겠다는 생각이 가끔 난다. 씁쓸한 회한의 웃음을 머금으며.

바람이 세게 부는 것 같다. 아카시아 꽃향이 진하게 난다. 이젠 들을 수 없는 오빠가 켜는 만돌린 소리도 허공에서 아련히 들리는 것 같다. 그러다가 차츰차츰 멀어져 간다.

그래, 밤꽃이 필 때가 또 되었구나!

해묵은 일기장

오늘도 덥다. 어제 비가 한 줄기 왔다 가더니 선선한 바람이 불긴 불어도 체감온도는 참 덥다. 가만히 생각해 보면 날이 더우니 덥긴 하지만 내 속이 더우니 더 더운 것 같다.

눈코 뜰 새 없이 살아온 내 세월이 더워서 아마 그렇겠지 하고 창밖을 바라보니, 구름 한 조각 무게도 없이 둥둥 떠간다. 가다가 제풀에 스르르 제 형상을 풀어헤쳐 버린다.

그 구름 하는 짓을 보며 나는 조금 더 내 마음을 삭혀보기로 한다. 날이면 날마다 나를 삭히고 삭혀 얼음 채운 단술 맛을 내보려 노력은 하지만, 나도 사람인지라 옛 날들이 마치

분수처럼 불쑥불쑥 차오르는 열기가 나를 덥게 한다. 그러다 혼자 같은 마음이 야밤에 드는 도둑처럼 나를 감싸 안으면 나는 "야 이놈아, 무단이 무엇 하러 오노? 가거라!" 한다. 내 목소리를 알아들었는지 어디론가 내 허전한 마음을 빼내어 들고 훌쩍 떠난다. 가는 뒤통수에 대고 "내 마음 들고 가거든 아무데나 버리지 말고 비옥한 땅에다 곱게 심어 예쁜 꽃이나 한 송이 피우기나 해라. 그 마음도 제 깐엔 제법 날린 마음이다." 해본다. 이런 도적 같은 놈들이 야반삼경에 다시 찾아들면 똑같은 말을 해 주어야지 하며.

그래놓고 보면 한 식간은 제법 평온하다. 평온해지면 오래 전에 끌쩍거려 놓았던 노트를 꺼내어 간혹 읽어본다. 읽다가 보면 수많은 회한들이 물보라처럼 일어나 허공에 반달 모양의 아름다운 칠보 무지개를 그린다. 해가 떠 있을 때에 잠시 잠깐 그려지는 허망한 꽃 같지만 그래도 역시 아름답다.

요즘엔 보기 드문 이 무지개도 내 어릴 때만 해도 많이 생겼다. 생기면 이 무지개 뿌리를 찾아 나와 오빠와 친구 아이들이 무리지어 한참을 달려간다. 환호성을 지르며. 그러다 멈춘다. 다음에 다시 무지개가 뜨면 그 아름다운 다리가 진짜 어디에서 생겨 저렇게 아름다운가를 알고 싶어, 아니면 그 다리를 한 번 올라 밟아 보기 위해서. 그렇지 그때에는 무지개가 뿌리 없는 다리인 줄은 몰랐던 게지.

그렇다 해도 내 어릴 때와 같이 일순간이라도 기쁜 마음을 가져보는 꽃 같은 무지개라도 파란 하늘 허공에 다리 놓아 보거나, 멋들어진 꽃 한 송이를 피게 해 보라고 하는 애끓는 마음에서 소리 한 번 질러본다.

오늘 갈피를 넘기다 읽은 옛 일기는 서기 1988년 양력 정월 초하룻날 쓴 것이다. 몇 줄 읽어내려 가다가 급정거 브레이크를 밟았다. 그리고 다시 읽었다.

> 제야의 종소리를 TV로 듣고 새벽 한 시 자리에 누웠다. 따뜻한 아랫목에서 아이들과 남편과 나란히 누워 오붓한 정담을 나누며 87년을 마감했다. 참으로 오랜만에 이토록 따스한 온기를 가져본다. 남들이야 예사로운 일이지만, 나에겐 꿈처럼 몽롱하다.

돌이켜 보면 찰나 같은 시간이 24년이나 흘러간 이야기였다. 그 당시만 해도 남자들은 입만 열면 "여자들은 참 우스워. 여자들이란 작은 일에도 감사하고 그래 샀더라." 하던 때이다. 그때 이 말을 상기하며 나는 피식 웃었던 기억이 난다. 꿈같은 이 행복을 우습게 여기다니.

그런데 오늘 이 일을 생각해 보면 사람들이 대개 그렇게 여기는 건 맞긴 맞다. 그러나 그 작은 일에 감사하고 싶은 마음을 낼 수 있는 일이 없는 사람에겐 그렇지, '그렇게 말하면 안 되지' 하며 간이 덜된 웃음을 피식 웃어 본다.

그렇다. 아주 사소하거나 흘려버리기 쉬운 작은 일에 감사하는 마음이 있다면, 더 큰 일에야 감사하는 마음이 왜 없겠는가. 아주 작은 일에 감사하는 마음은 사람에게 감사도 하지만, 땅에게도 하늘에게도 감사한다. 감사하는 마음은 그래서 나는 숭고한 마음이라 믿는다.

작은 일에 감사할 줄 모르는 사람이 어찌 큰 일이라 하여 감사할까? 감사하는 마음은 언제나 감사하는 마음이 자기 속에 충만되어 있을 때에만 자연스럽고도 진실되게 감사하는 마음이 우러나기 때문이다.

속으로는 아무런 고마움의 기미조차 없는 사람이 입으로 절실하게 받은 감사처럼 "감사합니다! 감사합니다!" 한들 이것이 진정 감사하는 것이겠는가? 또 입으로만 감사하다느니 고맙다고 아무리 떠벌려도 진심이 들어 있지 않은 말은, 그 말의 음색이나 음률이 감사함이나 고맙다는 마음이 없다고 상대에게 은연중에 먼저 달려가 소리치기 때문이다.

남들이 들으면 참으로 우스울 수밖에 없는 일 같지만, 당시의 이런 일에서 감사하는 마음의 버릇이 나는 지금도 내 마음속에 잘 녹아져 있다고 일기를 읽다가 다시 한 번 생각해 본다.

그리고 이 마음이 칠순에 드는 나의 마음에 변덕 부리지 않고 잘 간직해 오도록 도와 준 사람과 하늘과 땅에 감사를 드린다. 절절이 농해 버린 것들은 동동동 떠가는 구름장에 실어 보내고.

글을 다 쓰고 나니 더위도 한풀 가고 선선한 바람이 선들선들 불어온다. 꽃향기 가득한 바람으로.

멸치는 생선이다

어느 해 늦은 봄날, 점심시간이 지나고 졸음이 눈앞을 가리는 수업시간이었다. 여학생들에게 우상 같은 김동하 선생의 생물수업이 시작되자마자 옆자리에 앉은 친구 석현이가 "선생님, 멸치도 생선입니까?"하고 느닷없이 물었다. 그 바람에 꾸뻑거리며 졸음을 이기지 못하던 아이들도 눈을 빤짝거리며 온통 교실이 폭발할 듯 웃음보가 터졌다.

그때 선생님은 웃으시며 "멸치는 생선이 아닌가? 석현이 너 조금 전에 그 생선 안 먹었어?"하며 매끄러운 서울 말씨로 되물었다. 그러자 우리들은 밑도 끝도 없이 또 한 번 폭소를 터트렸다. 그 당시 멸치는 우리들에게 너무도 귀한 존재였다. 밥상머리의 유일한 맛깔스런 생선반찬도 도시락 반찬도 멸치무침, 국도 멸치 우린 물. 우리들에겐 참으로 고마운 하늘의 선물이었다.

지금도 멸치는 여러모로 많이 쓰이는 식탁의 재료다. 멸치는 지금도 변함없이 우리들에게 헌신한다. 그러나 시대가 변하다 보니 그 귀중함을 모르고 까마득히 잊히는 듯하다. 당시 우리들은 멸치 지느러미조차 버리는 일이 없었지만 요즘은 쓰레기통을 들여다보면 우려낸 멸치가 통재비로 버려져 있다. 이렇게 버려지는 단물을 다 우려낸 멸치는 우리 집의 식탁에선 초집무침으로 입맛을 돋우는 일등 찬이 되고 있지만.

나는 간혹 쓰레기통에 무더기로 버려져 있는 멸치들을 보면 예사롭게 보이지 않는다.

평생을 가족을 위해 말 못할 수모를 다 겪으며 살다 천대받고, 괄시받는 남편들 같다. 정년퇴직을 하고 끈 떨어진 연마냥 코너에 몰리는 남편들 같다.

힘없어 밀리는 풀 죽은 남편들.

뼈가 부러지도록 가정과 사회를 위해 최전선 전투요원으로 살던 불굴의 용사들!

노숙자로, 날이 희붐해지면 산속에서 하루를 보내다 어스름해지면 마을로 찾아드는 팔다리, 날갯죽지 다 떨어져 나간 멸치들.

세파에 시달리다 마음을 쉴 겸 들르는 호수, 잔잔한 물에 파란 하늘이 하얀 뭉게구름과 함께 아름답게 괴는 이곳, 거위나 오리 떼들이 물위에 떠서 논다. 우리는 물가에서 유유자적하는 이 광경을 바라보며 마음의 고요를 찾기도 하고, 남은 여생을 위한 평화를 꿈꾸어도 본다.

하지만 거위나 오리는 그렇지 않다. 바쁘다. 물밑으로 물갈퀴 있는 두 발을 쉼 없이 저어야 한다. 이와 같이 우리들의 멸치들은 한 시대 한 가족을 위해 보이지 않는 바쁜 발놀림으로 일생을 바쳐왔다. 그런 멸치들이 바쁘게 젓는 발의 속도가 느리다 하여 무작정 팽개치기엔 너무 민망한 일이 아닌가. 아무리 급변한 디지털시대의 현상이라 해도.

나와 가까운 혜자 씨가 만난 예순일곱 된 부인이 "이대로 살다 죽으면 여한이 없겠다."라고 한 말이 문득 기억난다. 그녀는 서른둘에 사별하고 어시장에서 온갖 장사를 하며 1남 2녀를 다 출가시킨 후 딸의 주선으로 개가를 했다. 열 살 위의 영감이지만 일찍 만나지 못한 게 한이 된다 할 만큼 깨가 쏟아지듯, 스물네 시간 온종일 잠시라도 떨어지면 무슨 낭패가

날 듯 그렇게 새 삶을 사는 분이다. 곰국 냄새가 집 밖으로 나오면 어부인의 해외여행 전주곡이라고 이웃들이 부러워할 만큼. 옛말에 혼자 체온보다 둘의 체온이 추위를 덜 탄다는 말처럼. 이 말을 듣고 나는 혜자 씨에게 "그렇게 살면 얼마나 좋노! 이게 세상 사는 맛 아닌가? 이 멸치는 참멸친 갑다"하고 웃었던 기억이 난다.

새벽 세시 책상 앞에 앉아 생각에 잠기다 말고 "참 나도 행복한 사람이다. 나의 통금시간이 저녁 일곱 시니. 쓰레기통에 들어가야 하는 멸치라면 이삿짐센터 트럭이 오면 시동을 걸기 전 운전석 옆자리에 꼭 앉아 있으면 어떨까?"하고 중얼거려 본다. 그러다 문득 나는 한 마디 말을 내뱉었다.

"멸치는 생선이다!"

그래, 아무리 시대가 바뀌고 있다 해도 '우려낸 멸치는 버려도 좋다' 는 말은 나에게 있어 결코 정답이 아니다. 우리들은 이 눈여겨 보이지 않는 귀중한 멸치들을 위해 그 신선도를 높이도록 노력해야 한다. 아내라는 우리 자신을 위해서도 아름다운 수필 같은 사람으로 살아야겠다. 맞아! 속담 하나 생각났어.

"썩어도 준치는 준치야!"

솔방울 사랑

그날도 우리는 냇가에서 도란도란 이야기꽃을 피우고 있었는데 갑자기 냇물에 큰 돌멩이 하나가 풍덩 떨어졌다. 부산서 온 남학생이 할머니 손에 이끌려 갔다. 나 혼자 멋쩍은 순간이 흘렀다. 예전에는 우리들의 만남을 방해 놓지 않았는데 왜 심술을 부릴까, 결국 할머니는 우리 둘을 갈라놓았다.

철없을 때의 첫사랑을 어머니는 솔방울 사랑이라 했다. 바람만 세게 불어도 쉬 떨어지는 솔방울이 돌에 맞아 그만 떨어지고 말았다.

한참 뒤에 안 일이지만 그 할머니에게는 두 아들이 있었는데 큰아들은 사상범으로 모진 고문 끝에 죽고, 둘째아들은 군에 갔다가 전사했다. 기구한 운명의 할머니였다. 그런데 부산 학생의 아버지인 그녀의 큰아들을 사상범으로 체포한 정보원이 나의 친척 오빠였다는 사실을 뒤늦게 알았나 보다.

초등학교 6학년 때 여름이었다. 또래들과 함께 과수원 안에 있는 웅덩이에서 홀랑 벗고 물장구를 치면서 신나게 놀고 있었다. 그때 과수원 저쪽에서 안경 쓴 또래 남학생이 우리를 훔쳐보고 웃고 있었다.

창피해서 나는 잽싸게 옷을 주워 입고 농막을 향해 혼자 뛰어오는데 뒤에서 발자국 소리가 들렸다.

"나 다 봤다. 너 정금이제."

그러면서 졸졸 따라왔다. 그런 일이 있고부터 나는 과수원에 얼씬거리지도 못했다. 여름방학 과제물을 과수원에 두고 왔는데 방학은 다 끝나가고 걱정이 태산 같았다.

또래인 오순이가 솔방울 심부름을 왔다. "숙제를 다 해 놓았으니 찾으러 오란다."고. 용기를 내어 또래들을 응원군 삼아 과수원에 갔다. 어느새 친해졌을까. 우리는 거기서 숨바꼭질을 했었다. 솔방울이 술래가 되었다. 술래는 나를 발견하고도 모르는 척한다. 우리는 서로 손을 잡아 당겨 손가락을 걸며 우정을 과시했다.

더러 과수원에서 밥을 먹기도 했다. 솔방울은 맛있는 반찬을 내게 챙겨주는 착한 사람이었다. 어느 날 밤에 모깃불을 피워 놓고 멍석을 깔고 옥수수, 감자, 수박, 참외, 복숭아를 먹으며 송별회를 열었다. 솔방울이 별 하나, 나 하나 하면 우리도 복창을 했다. 여름밤은 깊어 가는데 느닷없이 솔방울이

"나 커서 정금이하고 결혼할끼다."

선포를 했다.

나는 중학생이 되면서 명랑하고 쾌활한 성격으로 바뀌기 시작했다. 중학교 시절에는 연애편지 대필을 맡아서 했었다. 나는 해 걸러서 고등학교를 갔다. 동창생 영조가 『현대문학』 월간지를 일년 내내 부쳐 주었다. 영조는 두 살 위여서 서형이라고 부르며 친하게 지냈다. 서형이 편지를 분홍 종이에 싸서 전해 주었다. 오빠가

"우리 정금이도 연애편지를 다 받고 굉장하네."

하고 놀렸다. 나는 내숭을 떨며 숨어서 그 편지를 다 읽어 보는데 가슴은 뛰고 얼굴은 화끈 달아올랐다.

방학에는 어김없이 과수원 손자 솔방울이 하동으로 왔다. 나는 가정교사를 해서 고교시절을 보낸 탓에 자주 만날 수 없는 관계로 하루가 멀다 하고 편지만 수없이 오고 갔다. 어쩌다 만날 수 있는 기회가 모처럼 와도, 나는 새끼줄인 듯 친

구들을 달고 만났으니 눈치 없었던 모양이다. 솔방울은 할머니 반대도 무릅쓰고 오빠를 찾아와 결혼 승낙을 받았다고 했으나 나는 오빠 사법고시 공부를 도와야 하므로 체념할 수밖에 없었다.

솔방울은 나보다 6년 앞서 결혼했다. 그때 나는 상처를 많이 받았다. 내 주위 사람들이 눈치 채지 못할 정도로 초연하게 행동했지만 늘 솔방울을 닮은 사람을 보면 가슴이 뛰었다. 솔방울은 나의 근무지로 몇 번 찾아왔으나 그때마다 나는 출장을 가서 만나지 못했다.

이미 이십여 년의 세월이 흘렀다.

붕어빵

오늘은 정월이라 그런지 날씨가 제법 차다. 사무실 건물을 나서니 캄캄한 밤이다. 건너편 골목 모서리에 빤한 불빛이 보인다. 차를 기다리다 가방을 들고 그 불빛에 끌려 다가갔다.

사십대로 보이는 아주머니가 비닐로 두른 리어카에서 빵을 굽고 있었다. 약 십 미터 정도 떨어진 거리에서 물끄러미 바라보며 생각에 잠겼다.

거리에서 풀빵을 구울 사람 같아 보이지 않는다. 경상도 말로 하면 요새 하도 구부러지는 사람들이 많으니 이 사람도 그런 사람인 것 같았다. 어떻게든 살아야겠다고 발버둥치는 모습이다.

어려워지면 이렇게 살지 않는 사람이 어디 있을까마는, 내 마음의 하늘에 먹구름이 순간 끼이고 한 줄기 비가 뚜덕뚜덕 내리기 시작했다. 나는 한참을 서서 보다 다가갔다. 혹시 나를 보고 미안해 할까봐 얼른 붕어빵 한 봉지를 사들고 그 리어카에서 멀어졌다.

쌀쌀한 날씨지만 곱상스런 그 아줌마의 따스한 품성과 고맙다는 마음의 온기가 봉지를 들고 있는 나의 손바닥에 전해지기 시작했다. 승용차를 기다리는 동안 하얀 눈송이가 내 마음 깊숙이 내리기 시작했다. 눈은 더 많이 쏟아져 마음에 차곡차곡 쌓이더니 뭐라고 말할 수 없는 삶의 희망과 용기를 나에게 쌓아주고 있었다. 그 아줌마의 마음은 자신의 삶을 살기 위한 몸짓이지만, 그것은 오히려 나에게 와서 거대한 폭의 돛이 되고 키가 되었다.

나는 힐끔 돌아보았다. 저 리어카의 비닐지붕에도 깨끗한 하얀 눈이 내려야 할텐데 하고. 그러나 눈은 내리지 않고 북에서 불어오는 칼바람만 둘러쳐져 있는 비닐 막을 흔들고 있었다. 금방이라도 통째로 날려버릴 것 같은 기세다. 기도하는 마음 같이. '삶이 그대를 속일지라도 서러워하거나 노여워 말라' 얼토당토 않는 말 같지만, 평소에 가슴에 묻고 다니는 푸시킨의 시 한 구절이 불쑥 튀어나왔다.

기다리던 차가 왔다. 차문을 열고 조수석 뒷자리에 앉으며, "하늘아! 저 리어카 붕어빵집에 눈 좀 내려 보내라! 펄펄펄 마구 쏟아져 내리게 해라!" 하며 내 마음이 억지를 부린다.

차창에 스쳐가는 차들이며 건물들이 나에게 무슨 말을 하는 것 같다. 무슨 말인지 또렷하게 들어 보자고 정신을 가다듬고 눈을 똑바로 뜨고 바라보았다. 그러자 웃는 듯 나에게 뭐라고 다정한 말을 하다가 입을 삐물고 돌아앉는다. 내가 타고 있는 차가 조금 더 빠르게 달린다. 그러자 다른 차들도 빠르게 달리고, 서 있는 건물과 사람들이 달린다. 그러다 문득 모든 것들은 정지. 눈 앞에 켜진 빨간불이 나를 자기 속으로 빨아들인다. 빨려 들어간 나는 환하게 켜져 있는 파란 신호등을 본다. 순간 나는 시공을 초월하여 나는 내 고향 하동에 당도했다.

차용이 아버지가 보였다. 뜨끈뜨끈한 붕어빵을 사서 나에게 주었다. 나는 그 붕어빵 열 개를 눈 깜빡하는 사이 다 먹었다. 아저씨는 "정금아, 너 내 며느리 될랑가 우찌 알겠노?"라고 하며 먹으라고 했다. 십 원어치 붕어빵 열 개를 번개같이 먹어치우고 학교로 갔다. 그런데 걱정이 태산이었다. 공부가 되지 않았다.

차용이 아버지는 노동일을 했고, 차용이 엄마는 죽었는지 도망갔는지 없었다. 그는 우리 집의 아래채에 사는 성애 집 곁방에 세 들어 살았다. 경상도 말로 찢어지도록 가난해서 차용이 누나 순애는 어린 나이 때부터 식모살이하러 부산에 갔다. 설, 추석 명절 때면 집에 왔다 갔다. 그때 귀한 예쁜 스웨터를 입고 운동화를 신고 왔었다. 오면 성애와 나는 순애가 들려주는 이야기를 들으며 밤이 새는 줄도 몰랐다.

그런 순애가 왔는데도 나는 순애에게 갈 수 없었다. 붕어빵 열 개 때문에 차용이 각시가 되기 싫어서였다. 차용이 아버지는 날만 새면 내 며느리 되라 그러면 붕어빵 얼마든지 사준다고 했다. 그때 대답을 했는지 기억은 나지 않지만, 붕어빵을 많이 얻어 먹었다. 그러나 고민이 커져 결국 어머니에게 이야기하게 되었다. 어머니는 내 말을 듣고, "거참 잘 됐네. 차용이가 육학년 졸업하면 이발사가 된다고 하던데 붕어빵 실컷 먹을 수 있어 됐다." 하시며 웃으셨다. 나는 울고 싶었다. 이때에 내 눈 앞에 빨간 신호등불이 켜졌다.

"정 여사, 다 왔소!" 하는 말이 들렸다. 정신을 번쩍 차리고 서류가방을 챙겨 차에서 내렸다. 엘리베이터를 기다리며 어릴 때의 순진했던 나를 생각해 보며, 이 늙은 나이에 웃고 계시는 어머니 얼굴이 불현듯 보고 싶어졌다.

조금 전 그 붕어빵을 누가 사서 어느 예쁜 딸아이에게 주며 자기 며느리 되라 할까? 하고 문득 생각하며 집 문을 여니, 딩동댕 하며 예전과 달리 더 파란 신호등불이 환하게 켜진다. 오늘따라 문득 붕어빵이 먹고 싶다.

법정 소회

내가 겪고 본 법정은 날마다 서는 장과 같다.

대개 장은 오일마다 선다. 장이 서면 농촌에서는 잔칫날과 같다. 자주 못 만나던 사람들이 만나는 날이기도 하고, 오일 만에 만나 서로 집안 안부도 전하는 날이기도 하다. 막걸리 한 잔을 놓고 기뻤던 일, 슬펐던 일, 울화가 찼던 일들 또는 집안 대소사가 있었거나 있을 일들을 주고받으며 회포를 푸는 그런 날이며, 그런 곳이다. 서로 반목하던 사람들을 화해도 시키고, 중재도 하고, 달래기도 한다. 그러면 꽁하고 속이 맺힌 당사자들은 못 이기는 척하며 마음을 풀기도 하는 날이다. 해가 서녘으로 넘어가고 땅거미가 짙어지면 아낙들은 목이 휘이도록 보따리를 머리에 이고 집으로 돌아가고, 남정네들은 술이 한 잔 거나하게 취한 얼굴로 지겟다리에 말린 갈치 두어 마리를 새끼줄에 매달고 휘청휘청 기뻐할 아이들의 얼굴을 그리며 집으로 돌아간다. 도시의 시장처럼 물건들만을 사고파는 그런 날이나, 그런 곳만은 아니다. 물론 인정이 철철 넘치는 장이라 해서 정만 넘치는 곳만은 아니지만.

약 팔 년 전 나를 언니라 부르며 평소 잘 지내던 후배가 나를 상대로 금전상의 문제로 소송을 제기한 일이 있다. 소송은 서로 얽히고설킨 일들을 가려야 하는 것이라 삼 년이 지나도록 일심조차 끝맺지 못하고 진행되었다. 이 기간 동안 법정을 들락거리며 법정은 이럴 수도 있겠구나 하는 느낌을 가져보기도 했다.

참다운 진실이 진실로 통한다기보다 기막히도록 참말 같은 거짓이 통하는 경우가 허다하게 있을 수 있다는 점을 알았다. 물론 처음부터 끝까지 거짓이 진실처럼 통할 수는 없겠지만, 참말 같은 거짓말을 참말에 섞어 참말 같이 거짓말을 하면 재판장도 속는 경우가 없지 않다는 것이다.

또한 변호사를 선임하여 변호사가 소송을 대리하는 당사자와 형편이 어려워 변호사를 선임할 수도 없는 당사자 간의 소송에선, 진실이 진실이 되지 못하고, 거짓말을 참말처럼 하는 대리소송의 당사자의 말이 참말이 되어 이기는 경우도 있을 수 있다는 것이다.

남을 속일 줄 모르는 평소 정직한 사람은 미래에 소송이 있을 것이라 예견하고 신경을 써서 증빙자료를 갖추지 못하여 증거자료 미비로 억울하게도 불이익을 당하는 일도 있을 수 있다는 것을 경험하기도 했다.

참말을 참말로 인정받을 수 있는 증거가 불충분해서 참말을 증명할 방법이 없기 때문이다.

결국 증빙할 서류나 당시의 일의 자초지종을 증명해야 하는 일들은 서류로 만들어 공증을 받아 잘 보관해야 한다. 그렇지 못한 경우 당사자의 잘못이기 때문이다.

그래서 나는 법정을 나오면서 법정은 장바닥과 같구나, 아니면 화투판 같구나 하는 생각을 하며 입맛이 너무 씁쓸했다.

어떤 경우엔 당사자간 조정을 통해 해결하는 절차도 있다. 이럴 때는 원고가 손해를 보는 일이 생기기 때문에 중재에 의한 해결은 서로 조금씩 양보한다는 선에서 바람직한 일면도 있다 하겠다.

어쨌든 법정의 장은 사회 정의를 실현하는 곳이면서, 사람이 하는 일이라 오판도 있을 수 있는 좋고도 두려운 곳이라 하겠다.

이렇게 부질없는 생각으로 마음 아파하는 나의 어깨에 하늘은 무슨 생각에선지 하얀 눈송이를 소복소복 내려 주었다.

이때에 내 눈에 쏙 들어오는 꽃이 있었다. 설중매였다. 이 꽃은 웃다 말고 어쩐지 풀이 죽어 서 있었다. 이 꽃잎 위에 눈이 내려 세상을 덮고 있었다.

이때 나는 기도했다.

"하늘이시어, 이 암담한 세상에 여명이 있게 하소서! 환한 빛을 주소서! 하늘이시어, 나를 가로등 불빛처럼 밤을 밝히는 등불이 되게 하소서!"

"그래, 그래!"

법정이란 장도 막걸리 한 잔에 거나하게 취해 말라비틀어진 갈치 한 마리라도 새끼줄에 꿰어 메고 가는 그런 풍경이 철철 넘쳐야지. 그래야 우리 사회도 아름답고 멋진 성숙한 사회가 되겠지. 나도 법 따라 법대로 사는 소박한 사람이 되고. 음….

사랑의 향기

캄캄한 밤에 하늘이 큰 동이를 들고 와서 연신 물을 퍼붓는다. 하늘에서 쓰는 물동이는 얼마나 큰지 그 크기를 알 수 없다는 걸 오늘 처음 알게 되었다. 하늘에서 물을 퍼부으니 바다도 덩달아 동이 동이 물을 퍼 넘긴다.

마산이 생긴 이래로 이런 물난리는 처음이다. 강풍은 거대한 손을 뻗쳐 해변가에 서 있는 아파트 창유리를 산산조각 낸 후 바다로 집기들을 마구 집어내 던지고, 지하실은 짠물에 잠겨 주차해 놓은 차들은 한 대도 쓸 수 없게 되었다. 해변 인가엔 폭우와 폭풍이 해적처럼 달려들어 가구들을 마구 쓸어내

갔다. 심지어 평생을 어시장에서 푼돈 모아 목돈 만들어 넣어 둔 철금고도 끄집어내어 대천 한 바다로 쓸어내 버렸다.

밤새 난리를 쳐서 아침에 바라보니 그 광경은 어안이 벙벙해서 입 밖으로 말이 나오지 않는다.

난리도 이런 난리는 없다 싶다. 부두에 재어놓은 거대한 통나무들은 도로를 활보하다가 용심이 났는지 빌딩 입구를 첩첩이 가로막아 서서 물에 잠기는 지하실에서 피신하려는 청춘 남녀들을 수장시켜 버렸다. 바다에 있어야 할 배들이 언덕이나 산기슭을 덩그렇게 올라타고 앉아 있다. 참, 처음 보는 진풍경이었다.

게다가 천둥 번개가 후려치고 간 가가호호마다 근 일주일가량 암흑천지에서 살아야 했고, 냉장고가 멈추어 넣어두었던 식료품 재료와 음식들이 상하니 그 냄새는 말할 수 없다.

밤새 그 난리를 치던 하늘도 바다도 능큼스럽다. 언제 그랬냐는 듯 얼굴 표정 하나 변한 게 없다. 바다는 잔물결을 일으키며 즐거운 듯 놀고, 하늘은 구름 한 점 없이 새파랗다.

이것이 자연의 마음이고, 큰 가르침인가. 천구백년 초반인가, 중반인가 첫 바다 매립이 시작된 후 최근까지 세 번의 매립이 있었다. 바다를 메워 땅을 넓히고, 그 위에 건물을 짓고, 어시장을 넓혀 시장을 늘리고, 도로를 내어 사람의 생활을 좀 더 편리하고 잘살게 하자고 한 일들이 이번 매미 태풍 때 그 잘못된 결과가 나타났다. 해일이 일어 밀려든 바닷물이 첫 매축지역까지 어김없이 들어와 재산상의 엄청난 피해를 주었다.

겉으로 보면 자연재해라 할 수 있겠지만, 나는 사람이 잘 살려고 일으킨 욕심의 인재라고 생각했다. 이런 생각을 하다 보니 자연은 결코 인간의 지나친 욕망을 가만히 보고 넘기거나 모른 체하지 않는다는 걸 뼈저리게 느꼈다. '하늘은 알 건다 안다' 는 말을 흘려 넘길 수 없음을 또 한번 더 절감한다.

그래, 맞다. 아무리 귀중한 것도 있을 때나 은혜로움을 입을 때에는 그 귀중함과 고마움을 모른다. 그러다 그것을 잃게 되면 그때서야 귀중함을 알고 후회하는 일이 많다. 이번 사태만 해도 그렇다. 한 가지 예로 전기가 끊기니 그 불편함은 이루 말할 수 없었다. 이것만 해도 알 수 있는 일이다.

그래서 옛 어른께서 "도움 받은 고마움은 잊지 말고, 어려운 자에겐 내 일 같이 돕고 도운 후 일 없던 때처럼 까마득히 잊어라." 하신 말도 언제나 나를 떠나지 않는다. 이번 매미도 나에게 큰 깨우침을 주었다.

이때 문득 오토바이 엔진 소리가 들렸다. 전기가 끊긴 냉장고에서 상할 듯한 음식을 드러내고, 냉기가 사라지고 온기가 높아지니 물이 흘러내려 훔치던 손을 멈추고 혼자 중얼거렸다. "뉘 집에 음식 배달인가?" 조금 지나니 우리 집 초인종이 '딩동댕' 하고 울렸다. 음식 배달을 시키지도 않았는데 문을 여니 노란 장미꽃다발이 내 눈 앞에 활짝 피어났다. 나는 어리둥절하였다. "배달하는 집을 잘못 안 건 아닌가요?" 하고 되물었다. 맞다고 했다. 지난 장마 때에 피해를 입은 사람들에게 한 어쭙잖은 말을 상기하며 보낸 인사였다.

며칠간 이재민으로 고생 많으셨지요? 언니, 힘내세요. 사랑합니다.

—동생 은아 올림

태풍 매미는 내일의 소망을 앗아갔다. 비정하고도 야만스럽게 다가왔던 태풍 매미를 보낸 하늘의 뜻에 따라 우리들은 사랑의 향기가 되어 영원히 충만하기를 소망해 본다.

오늘도 텔레비전 자막엔 수해성금이 계속 올라가고 있다. "맞다! 우리나라 사람은 천성이 곱다. 평소엔 덤덤하다가도 어려운 일이 닥치면 아이에서 어른까지 아낌이 없다. 이게 우리들의 힘이고 향기다!" 파란 하늘 같은 사랑의 마음으로.

사랑니를 뽑고

사람이든 자연이든 있어야 하는 것은 있고 있을 필요가 없는 것은 있다가도 없어진다. 이것이 자연현상이다. 또 있다가도 없어진 것이 필요하면 다시 생긴다. 그러나 있어야 하는 것이 불필요하다 하여 없애버리면 없애버린 만큼 아쉽게 된다. 이것은 자연현상을 어긋나게 한 것이라 할 수 있다.

나는 이 현상을 현상 그대로 있도록 최선을 다하며 살고자 한다. 자연의 한 구성원이 사람이라면 사람도 자연이기 때문이다. 내가 사람이라고 한다면 나도 역시 자연이다.

두 달 전에 이제는 어쩔 수 없다고 생각하며 치과에 가서 사랑니 하나를 뽑았다. 통증이 오고, 음식을 씹기에도 매우 곤란한 점이 많아서다.

뽑고 나니 몸도 가뿐하고 마음도 편했다. 뭐니뭐니 해도 통증이 없고 항상 뭔가가 입안에 들어 있어 묵직하다는 중압감이 싹 사라져 버렸으니 얼마나 좋은지 몰랐다. 흔히 하는 말로 어떤 골칫거리가 잘 풀리면 '아픈 사랑니 빠지듯 시원하다' 는 말이 있지 않은가. 그만큼 시원하고 가뿐하였다.

그러나 시간이 흐르니 꼭 그렇지만은 않았다. 아무래도 뭔가 허전하고 아쉬웠다. 음식을 씹을 때면 시키지도 않았는데 음식이 그곳으로 새기도 하고, 말을 하다보면 바람이 그곳으로 빠져 나가는 것 같았다. 바람이 새면 발음이 또렷하지 못하고, 음식이 새면 씹기가 어렵다. 어쩔 수 없이 뽑긴 뽑았지만 사랑니가 불필요한 것이 아니었다. 필요한 것이었다. 평소에 왜 필요한지를 몰랐으니 중요하게 여기지 않은 것이다.

마치 축대를 쌓을 때 이빨을 맞추듯 끼워 놓았던, 아이들의 주먹보다 작은 돌멩이 하나와 같다. 그 돌멩이가 약간 삐어져 나와도 조그마한 돌멩이니 어떻겠냐, 하며 소홀히 생각하고 그냥 두다 보면 그 돌은 빠져나오고 머지않아 축대 전체가 무너지고 만다. 세상 이치란 매한가지이다. 이빨의 경우도 그렇고, 자연도 그렇다고 본다. 또한 사람 사는 일도 같다. 요모조모 경험에 비추어 보면.

이빨을 뽑기 몇 달 전 나와 친분이 있는 한 분이 내 사무실에 와서 이런저런 이야기 끝에 입에서 냄새가 난다 했다. 그 말을 듣고 나는 위장이 좋지 않으면 냄새가 난다던데 하며 아는 가정의를 찾아갔다. 의사는 워낙 애태우는 직업이니 그럴 수 있다 하며 간단한 임시조치를 해주었다. 사람들을 빈번하게 만나는 나이니 구강 세정제를 사다 수시로 헹구기도 했다. 그러나 별로였다. 그런 중에 중국여행을 간 일이 있었다. 베이징에 갔을 때 한방전문병원과 연구소를 겸하고 있는 한의병원에 가서 진찰을 받았다. 하체는 냉하고 상체는 열이 많아 속열 때문에 입에 냄새가 난다는 소견을 들려주었다. 귀국하여 치과엘 갔다. 가서 보름 정도 잇몸 치료를 한 후 사랑니를 뽑았다.

보름 동안 치과를 다니면서 사랑니에 대해 조금 전문적인 식견을 얻기도 했다. 별것 아니게 보이는 이 이빨 하나가 나를 고통스럽게 하는구나. 이 이빨이 왜 사랑니인가 싶어 귀찮게 물으면서 귀동냥한 것이다.

사랑니란 제3대 구치의 속칭이라 했다. 사춘기에 나기 시작한다 하여 사랑니라 한다고 했다. 다른 이름으로 지치라고 한다는 것도 알게 되었다. 그 종류도 매복 지치와 수평지치,

반매복지치가 있다는 것도 알게 되었다. 매복지치는 잇몸 속에 묻혀 있는 사랑니이고, 비스듬하게 혹은 수평으로 나는 것은 수평지치, 불완전하게 나는 것은 반매복지치라 한다고 했다. 이 사랑니도 생식에서 화식으로 식생활이 변하면서 퇴화되었다는 의견도 있었다.

며칠 전 몇 사람과 칠원면에 있는 타조농장에 간 일이 있다. 나지막한 야산이었다. 불에 일대가 타고 남은 나무 두 그루가 까맣게 타다 말고 을씨년스럽게 서 있었다. 물으니, 작년에 불이 나서 탄 곳인데 너무 심하게 타서 아직 풀 한 포기 나지 못하고 저렇다고 했다.

쯧쯧, 혀를 차며 나는 속으로 중얼거렸다.

'거참, 뽑고 싶으면 그저 사랑니 하나만 뽑지 뭣이 급해서 주위 이빨까지 왜 저리 몽땅 뽑았노?'

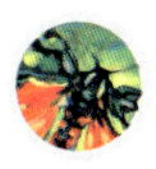

아픈 회상

사람은 누구나 잘 살기를 바란다. 잘 살기 위해서 사람들은 일생을 피나게 노력한다. 이렇게 노력하며 살다가 일찍 생활이 안정되면 사람다운 생활을 하며 살게 된다. 소위 문화생활을 하며 산다. 그렇지 못한 사람은 평생 허덕이며 살다 지친 심신을 더 지탱하지 못하고 의지가 꺾여버린다. 그 순간 생을 마치기도 한다.

그렇듯 사람은 각기 다른 삶을 산다 해도 알고 보면 삶의 길은 역시 외길이다. 사람마다 성장환경이 다르고, 학력수준이 다르고, 사고의 폭이 아무리 다르다 해도.

다 마찬가지이겠지만, 한창 젊었을 때에는 나의 삶의 방향과 목표는 나만의 방향이고, 나만의 목표라고만 여기며 산다. 자신의 목표 달성을 위해 최선을 다하며 산다. 나도 예외가 아니다.

나이가 제법 든 것 같다 싶은 요즘은 눈코 뜰 새 없이 바쁘다가, 조금 한가하다는 마음이 들면 지나간 세월들을 일기장을 통해 간혹 되새겨 본다. 이것이 하나의 버릇 아닌 버릇이 되어 있다. 이것도 우스운 일 같지만, 나에겐 하나의 문화생활이라 나는 자부심까지 느낀다.

'1986년 11월 19일 개임' 이라고 머리에 적혀 있는 일기장을 폈다. 첫줄이 찌릿하더니 다음 줄 그 다음 줄을 읽어내려갈 때마다 맑게 개었던 하늘에 먹구름이 끼이고 한 줄기 비가 내린다.

'정말 쌀 한 말만 있어도 이놈의 직업을 막살했으면 좋겠다고 틈틈이 나는 넋두리를 한다' 라고 쓰인 첫 줄을 읽다가 사투리에 겸연쩍은 웃음이 나기도 하지만, 그때의 내 심정이 어떠했으면 서두를 이렇게 썼나 하고 그때의 내 심경으로 돌아가 본다. 정말 쌀 한 말만 있으면, 하는 글귀가 사회 발전이 그때에 비하면 엄청나게 고도화된 지금 내 가슴에 일침을 꽂는다. '허허, 가만히 있거라. 집에 오늘 쌀이 한 말은 넘게 있지? 아마' 하며 발전한 우리 사회에 고마움을 느끼며 한숨을 '후' 하고 내쉬어 본다.

그래도 나에게 경상도 말로 깡다구는 있는 모양이었다. 그 다음 글에 '그렇다고 미련에 울고 아쉬워할 내가 아니다' 하고 바짝 마른 의지를 적어 놓았으니. 그러면서도 내가 여린 사람이었던 것 같기도 했다. '아무렴, 체념을 하고 나면 얼마나 나는 후회 없이 돌아서는지 모른다' 라고 술회하고 있으니 말이다.

달리 보면 버릴 것은 빨리 버리고 나아갈 것은 빨리 모색하는 순발력 있는 마음의 표현이기도 하지만, 역시 여리긴 여렸던 것 같다. 하기야 지금도 아니다 싶으면 그 순간 던져버리니 포기 잘하는 여림이 아직 남아 있다. '세 살 버릇 여든 간다' 는 말이 언뜻 스쳐간다.

이런 마음을 당시에도 내가 나를 위안하며 살고 있었던 것 같았다. 그 다음 줄에 '찌꺼기가 없는 성격 탓인지 아니면 단순한 탓인지 편리하도록 참 잘 해왔다' 라고 씁슬한 나에 대한 위로의 말을 지금 내가 읽고 있다.

조금 더 아랫줄로 읽어 내려가다 눈이 멎었다. '꿈이 산산조각이 난 급급한 삶의 채찍 속에서 어린 시절의 꿈을 되뇌일 만한 여유도 없지만 계절이 바뀔 때마다, 더구나 가을이 오면 백사장에서 뒹굴던 순수했던 촌년 시절이 나를 센티하게 한다. 아스팔트 위로 노란 은행잎이 흩어져 끄떡거리며 뒹굴고 있다' 라고 고향 하동의 촌년 시절을 그리워하고 있음을 본다.

이 글을 읽다가 참말로 내가 센티해진다. 오 헨리의 〈마지막 잎새〉처럼. 나는 일기장을 덮고 문을 열고 나섰다. 떨어져 지천으로 깔려 있는 황금빛 은행잎들을 천천히 밟으며 잠시 걸었다. 그리고 돌아서서 다시 걷고 돌아서서 다시 걸었다. 몇 바퀴를 다시 걸어도 그런 센티는 아니었다. 누가 등 뒤에서 '보소, 그만 들어가소' 한다. 돌아보아도 없는 그 무엇이.

참 나도 많이 변했다. 이제 겨우 사십셋, 한창 젊고 패기에 찬 나이인데, 만날 만나는 젊음과 늙음의 한가운데에서 달라지는 분위기마다, 상황마다 설명을 하고 이해를 시키며 일을 진행해 간다. 또 한 쌍이 성사되면 성사되는 대로 받는 진통을 정말 감당하기 어렵다라고 읽어 내려가다가 또 한 번의 숨을 길게 내쉬어 본다.

예나 지금이나 이런 일이야 비일비재하지. 이 마음 알 사람 없지. 또 알면 무엇 하랴. 아니야, 그래도 한 쌍 한 쌍 성사되면 아무개는 몇월 며칠 약속, 아무개는 몇월 며칠 결혼이라 적고 그 쌍마다 끝줄에 '건강하게 잘 살길 빈다', '오래 오래

금실 좋은 부부 되길, 아니 될 것으로 믿는다' 등의 축복하는 내 마음을 다독거려 본다. 보이지 않는 내 속의 신령스런 기운으로, 비는 마음으로 내 일은 잘 성사되고, 성사된 뒤에도 좋은 소식들이 들린다. 이 바람이 있어 나는 아직도 이 일을 사명감을 갖고 하고 있다.

내가 회의에 빠지거나 늙어가는 내 모습을 거울에 비쳐보듯 볼 때면 나는 다시금 정신을 가다듬는다. 어느 날의 일기장 끝 구절처럼.

'탱글탱글 터질 것 같은 젊음을 늘 대하면서 나는 늙은이처럼 축 처져서야 되겠나? 나는 혼자가 아니다. 성만이, 성태가 있다. 내가 에미다.'

| 해설 |

|해 설|

감성의 수실로 짜놓은 인생도人生圖

―정정금의 수필세계

鄭木日
(한국문인협회 부이사장 · 한국수필가협회 이사장)

1

정정금 수필가의 일생을 담아낸 가야금 한 곡을 듣는다.

가야금 소리는 애조만의 가락이 아니다. 청산을 고요히 울리는 청계수淸溪水 음조로 흘러내린다. 유유한 그 가락엔 굽이굽이 정한이 흐르고, 인연과 사연이 손잡아 앞서거니 뒤서거니 흐른다. 정정금의 처녀 수필집 《꿀벌은 은빛 나비가 되어》는 평생의 삶과 인생을 비춰낸 자화상自畵像이나 다름없다.

수필은 삶으로 그린 자화상이다. 주제는 필자의 인생론이 아닐 수 없다. 좋은 수필은 읽고 난 뒤 오래 동안 마음에 남아 감동의 여운을 준다. '감동의 여운'이라는 것은 어떤 장면으로 남을 수도 있고, 또 느낌이나 향기, 빛깔, 가락으로 전해 올 수도 있다. 사라지지 않고 오래도록 독자들의 인생에 감동과 지혜와 깨달음을 주는 글일수록 좋은 수필이 아닐까 한다.

완벽에 가까운 글보다 진솔하고 격식 없는 수필이 마음을 끌어당긴다. 평온과 휴식을 안겨 주면서 인생론에 귀를 기울이게 만든다. 너무 완전무결하면 꾸며낸 것 같고, 짜 맞춘 듯이 빈틈이 없으면 여유가 없어 보인다. 완벽보다 파격이 있으면 더 좋고, 빈틈도 보이고, 모자람도 있어야만 미소가 나온다. 굳이 성공담과 미학만을 들을 필요도 없다. 오히려 실패담과 고행담에서 값진 교훈과 감동을 느끼게 된다.

수필은 자신의 마음과 인생을 토로하면서 독자들과 소통한다. 마음을 털어내야 홀가분해지고 맑아진다. 마음을 나눌 수가 없으면 진실한 관계가 되지 못한다. 시, 소설, 희곡 등 상상을 토대로 한 문학은 허구를 통해 소재를 끌어들이지만, 수필은 자신의 체험을 소재로 한다. 픽션은 상상과 흥미를 통한 소통장치라면 논픽션은 사실과 진실을 통한 소통장치이다.

사람들은 날마다 거울을 보고 산다. 제 얼굴을 가장 잘 아는 이는 말할 것도 없이 자신이다. 그런데도 거울과 사진을 보지 않은 채 자화상을 그리기는 실로 어렵다. 타인의 얼굴을 그리는 것이 더 쉬울지 모른다.

'나는 과연 어떤 존재인가?'

'인간은 무엇인가?'

이런 물음은 인간이 풀 수 없는 마지막 질문이다. 논리와 과학, 종교와 철학으로도 알 수 없다. 수필쓰기는 삶에 대한 성찰과 인생에 대한 깨달음이다. 자신을 알지 못하면 타인을 알 수 없으며 세상과도 제대로 소통할 수 없다. 자신의 인생을 비춰내려면 마음이 맑아야 한다. 마음의 연마를 통해 자신의 영혼을 비춰 내야 한다. 마음을 맑게 닦아내려면 탐욕이라는 때, 화냄이라는 얼룩, 어리석음이라는 먼지를 씻어내야 한다.

수필은 마음의 대화이며 소통이다. 가슴속에 근심, 수치감, 열등감이 못, 한, 상처, 부끄러움으로 남아 있으면 마음이 무겁고 어두워진다. 마음을 씻어내지 않으면 안 된다. 참다운 수필 쓰기는 자랑과 과시는 뒤로 감추고 과실, 용서, 참회를 통한 마음 열기와 정화에 있다.

수필은 인생을 담는 그릇이다. 인간이란 완벽하지 않기에 완벽한 수필도 있을 수 없는 일이다. 삶의 체험에서 얻어낸 금 사래기로 어떻게 감동의 보석을 만들어 낼 수 있을까? 이 보석을 만드는 연금술은 어떻게 해야 할 것인가를 생각해야 한다.

2

문장이 곧 사람이라는 말이 수필의 경우에 가장 잘 어울리는 말이다. 저자의 《꿀벌은 은빛 나비가 되어》엔 4부로 이뤄져 있다. 제1부 가족사, 제2부 직업사(중매), 제3부 기행문(세상사), 제4부 인생의 발견과 깨달음으로 구분돼 있다.

저자의 수필세계를 관통하는 것은 한국인의 가슴으로 흐르는 정감이다. 삶의 희비애락을 넘나들며 애환과 인내를 보여주고 그리움과 투지를 안기는 것은 정감의 힘이다. 정감을 생명줄로 삼아 세파를 헤치며 살아간다고 할 수 있다.

정정금의 수필을 읽으면 정감의 체취가 느껴지고 마디마디 정감의 맥박이 느껴진다. 여성적인 끈기와 힘살을 보게 한다. 정감이란 사랑의 관계에서 오는 감성만의 세계를 얘기하는 게 아니다. 인생과 삶을 포괄하고 어떤 고난도 물리치고, 장애도 뛰어넘는 포용과 소통의 세계를 말한다.

정정금의 수필세계는 여린 감성의 가락이 아닌, 일생을 울리는 장중한 가락이다. 항상 자신의 길을 성찰하면서 올곧은 길을 가려는 개척과 신념의 자세를 보여준다. 저자가 《꿀벌은 은빛 나비가 되어》에서 비춰낸 인생 고백은 평범하고 사소하다. 그러나 평범하기만 한 삶의 순간일지라도 삶의 의미와 깨달음을 발견한다면 특별하고 빛나는 순간이 될 수 있다. 매일 변함없는 삶이 계속된다고 하더라도, 이 순간이 일생에 한 번 스치고 지나가는 황금 같은 순간임을 알고, 할 일을 챙긴다면 삶은 새롭고 의미가 있다.

저자의 수필에선 삶의 지혜와 훈기가 있다. 자신의 길을 개척해 나가는 힘이 있다. 정情, 인연, 가족, 중매 등 관계 맺음에 따른 진실, 흥취, 공감이 있다. 정정금 수필가의 수필을 읽으면, 사랑방 얘기처럼 구수한 정감과 함께 진실의 고백, 인생의 독백을 듣는 친숙감을 느끼게 한다. 저자의 이번 처녀수필집은 정감의 수실로 짜놓은 인생도人生圖 한 폭이라는 생각이 든다. 그 속엔 정한의 채색 속에 개척, 도전, 끈기, 애정의 색깔이 꿈틀거리며 인생의 한 풍경을 이루고 있다.

몇 년 전 라일락 향기 속에 내 딸이 결혼을 했다. 자식 결혼이야 누구나 시키는 일이라서 얘깃거리도 안 되는 일이지만 눈물과 한숨으로 키운 농아이기 때문에 나에게는 눈물겨운 사건이었다.

그날 예식은 딸이 원하는 대로 농아목사를 모셨다. 웨딩마치가 울리고 주례의 수화를 따라 사회자의 목소리가 예식장의 분위기를 한껏 돋울 즈음, 딸애는 아버지와 팔짱을 끼고 마치 말을 알아듣는 사람처럼 용하게도 발을 맞춰 실수 없이 주례 앞에 섰다.

천진한 신랑 신부가 살짝 웃기도 하고 주례의 물음에 코 먹은 소리로 "네" 하고 대답을 했다. 축가를 부를 때는 여덟 명의 농아 처녀들이 피아노와 녹음기에 따라 하객을 향해 입만 움직였지만 성공적이었다.

검지로 볼에 점을 찍고 팔을 벌려 두 손을 머리 위로 올려 원을 그리고, 오른손을 주먹 쥐어 왼손 등에 갖다 대기도 하면서 영화 〈밀레의 만종〉에 맞춰 노래를 끝냈다.

세상에… 나는 실신할 듯 상기된 기분으로 북받치는 울음을 참느라 애를 썼다. 실제로 그날의 하객들은 그 어떤 연주회서도 볼 수 없는 진한 감동에 젖은 듯했다. 그렇게 감명 깊은 결혼식을 본 적이 없었다며 다들 우레와 같은 박수를 보내

주었다.

그 순간 딸과 같이 지내왔던 많은 사연들이 주마등처럼 스쳐갔다. 만 여섯 살이 되어서야 청천벽력 같은 농아 선고를 받고 나는 얼마나 울었던가. '하늘이 노랗다'는 말이 그대로 실감되었다. 딸애를 부둥켜안고 내 평생의 울음의 대부분은 그때에 다 쏟아 부은 것 같다.

'내 딸이 말을 할 수만 있다면…….'

물 떠놓고 빌고, 굿도 하고, 점쟁이집, 철학관을 누비고 병원을 돌며 세월을 보내고, 할머니께 내 딸 말문 열어놓고 저승 가시라고 애원도 해 보았다.

혼자 외롭게 자라는 딸은 얼마나 고통스러웠을까? 냇가에 가서 송사리, 냇고동, 물방개, 게 등을 잡느라 동상이 걸려 손이 퉁퉁 부어 이 에미를 울리고… 딸이 말을 못하는 것도 다 내 탓이고 나의 죄인 양 항시 딸에게 미안한 마음이었고, 차라리 나의 귀와 입을 바꿀 수 있으면 기꺼이 바꾸겠다고 간절한 기도도 했다.

—〈손〉의 일부

농아인 딸의 결혼식을 주제로 한 작품이다. 딸의 결혼식을 노심초사하며 지켜본 어머니로서의 심경이 잘 드러낸 작품이다. 농아 딸을 키워 결혼식에 이르기까지 얼마나 가슴 졸이며 죄인인 양 살아온 세월이었던가. 저자 일생의 한 장면을 보여주는 이 작품은 모성애와 참아온 눈물을 짐작하게 한다. 감정의 절제로 인해 깊은 감동을 전하고 있다. 농익은 맛은 다 드러내지 않고 비춰냄으로써 더 깊이를 갖는다. 농아들의 말을 눈으로 표정으로 듣는 어머니의 마음이 흐르고 있다.

3.

신혼시절에 잠깐이라도 시집을 살겠다고 자청하여 시어른과 함께 지낸 적이 있다. 새벽 5시에 일어나 물이 가득 찬 물동이를 이고 비틀거리며 항아리에 붓고 있었다. 분명히 엊저녁에 물이 바닥난 듯 없었는데 반쯤 채워져 있는 게 아닌가. 큰방에 시어른은 주무시고 계셨다. 물을 긷는 것이 서툴러 등 뒤로 물이 줄줄 흘러 반 동이는 옷이 먹었을 정도였다. 나중에 시누이가 귀띔을 해 주었는데 시어머니가 새벽 4시에 물을 항아리 반쯤을 채우셨다고 한다.

어느 날 시아버지께서 물김치가 먹고 싶다고 했다. 나는 무와 배추를 사서 당근도, 고추도 모양을 내어 썰어 정성껏 물김치를 담았다. 시어머니가 집을 비웠기 때문에 간을 맞추는 것이 어려웠다. 나는 작은 그릇에 담아서 시아버지께 맛을 좀 봐 달라고 드렸다. "평소에 나는 달게 먹느니라. 설탕을 더 넣어라"고 하신다. 몇 숟갈 더 넣은 뒤 또 드렸더니 고개를 저으신다. 나는 설탕을 듬뿍 넣고 부엌에 두었다. 하루가 지나니 거품이 생기면서 익는 냄새가 났다. 예쁜 그릇에 담아 아침상에 놓았다. 내가 봐도 작품이다.

시아버지는 "물김치가 줄줄 흘러 숟가락에 뜨이지 않는구나." 하면서 나를 쳐다본다. 국물이 시럽이 된 것이다. 그때 시어머니가 "참 이상한 사람 다 봤소! 마음 좋은 사람은 잘 뜨이는데" 하는 것이 아닌가!

친정어머니보다 더 자상하게 며느리를 감싸주며 배려해 주는 사랑을 받고 나는 다짐했다. 어떤 고난이 닥쳐도 시어머니처럼 치마폭을 넓게 펴고 살리라.

시집서 몇 개월 살았을까. 남편이 군대 미필자라고 교직을 그만두게 되었다. 나는 학생들 과외를 하며 공무원 시험을 쳤다. 다행히 합격해서 남해로 발령을 받고 열심히 살았다. 그해 10월에 나라 시책이 바뀌어 남편은 밀양으로 발령이 나서 주말 부부로 2년 동안 살아야 했다. 나는 고등학교에 다니는 시동생을 데리고 살며 시댁에 점수를 받기 시작했다. 시어머니는 김치와 생선을 보내 주셨는데 가자미 한 상자를 말려서 보내 주셨다. 구워 먹으니 너무 맛이 있었다. 몇 번 남편과 시동생을 챙겨 주고, 사무실 직원 술 안주로 일부 주고는 나 혼자 시나브로 다 먹어 치웠다.

남편이 "저번에는 밀감 한 상자를 먹어 치우더니 여자가 조심성이 없고…" 하며 나무랐다. 나는 능청스레 "뱃속의 아이가 엄마 생선 먹고 싶다고 졸라서 어쩔 수 없다"고 변명을 하고 첫딸을 낳았다.

그 후 4년 뒤 마산 시댁으로 왔다. 시아버지가 돌아가신 뒤 시어머니는 천식과 심장, 간 합병증으로 고생을 하였다. 우리 내외는 월급봉투 전액을 시어머니 주머니에 넣어 드리면서 기분을 좋게 해드리려고 애썼다. 시어머니는 참으로 훌륭한 분이다.

—〈어머니처럼〉 일부

〈어머니처럼〉은 신혼 때의 시집살이에서 겪은 감동적인 인생 삽화이다. 시어머니가 며느리를 위해 말없이 베푸는 도움은 고부간의 훈훈한 정을 꽃피우게 했다. 가족 중 한 사람의 보이지 않는 배려와 도움은 가정을 평화와 화목으로 만드는 원동력이 된다. 매사에 잘함과 잘못을 따지려고만 하지 말고, 가족 간에 서로 배려하고 도와서 원만한 삶을 가꾸는 시어머니의 마음과 지혜를 배우고 감사한 마음을 잊지 않고 있음이 흐뭇하게 닿아오는 작품이다.

초혼보다 재혼을 성사시키기란 여간 까다로운 일이 아니다. 몇 년 전 자수성가하여 자식들도 다 출가시킨 어느 노신사의 재혼을 주선한 일이 있다. 처음 예순둘의 미모에 훤칠한 키, 학식과 인품이 있는 여인을 친구처럼 의사도 잘 통할 것 같아서 소개했지만 성사되지 않았다. 두 번째는 밝고 명랑한 인물로 어디에도 빠지지 않는 쉰셋의 노처녀를 소개했다. 그러나 이번에도 허사였다. 이렇게 좋은 상대를 구하기란 쉽지 않은데 하고 고민하다 나이를 한참이나 낮추어 서른아홉 된 수수한 독신녀를 소개했다. 그래도 노신사의 표정은 별로였다. 이때 그 독신녀는 나를 보고 "언니, 나를 경로잔치에 불렀습니까? 언니도 차 한 잔 같이 하고 일어납시다." 했다.

차를 마신 후 노신사는 나까지 태우고 바다가 내려다보이는 경치 좋은 장소로 옮겼다. 탁 트인 창 너머 멀리 펼쳐져 있는 바다에는 은빛이 찬란하고, 파란 하늘에 흰 구름이 두둥

실 떠가고 있는 아름다운 풍광을 보며 "이 좋은 세상을 보지도 느끼지도 못하고 지금껏 먹고 사는 일에만 허둥대며 살았어요……." 하며 혼자 사는 심경을 토로했다.

그런 일이 있은 몇 개월 후 이들은 성사되었다. 주위에선 젊은 것 좋아하다 고생해서 모은 재산 홀랑 털리고 후회할 거라고 웅성거리기도 했다. 사장도 사장이지만, 이 처녀의 성품과 인품을 잘 아는 나는 쓸데없는 험담이라 넘겨버렸다. 그녀는 노신사를 성심껏 잘 뒷바라지도 하지만, 그의 출가한 자녀들에게도 존경을 받았다.

그 후 십년이 지난 어느 날 그 노신사를 우연히 길에서 만났다.

"딸 같은 아내를 만나 사는 게 즐겁습니다. 일흔다섯 이 나이에 더 살아야겠다는 욕망이 많이 일어나네요. 나를 천주님 아들로 살게 해 주고, 많은 봉사활동에도 같이 다닙니다. 가정도 화목하고요."

이 말을 들으며 나는 오히려 내가 감사하다고 했다. 그러자 그는 내 손을 꼭 잡으며 말했다.

"가을이 오면 나뭇잎이나 풀잎도 아름다운 빛으로 자기의 완성된 모습을 보여주는데, 나도 이제 아무 욕심 없이 사람다운 빛으로 살도록 해 달라고 기도하며 삽니다."

그와 헤어져 파란 눈금이 하나하나 지워지고 있는 횡단보도를 걸으며 혼잣말을 했다.

그렇지! 사람 만나 사는 게 어디 나이로만 만나 사는가. 마음이 문제지. 이해하고 고운 마음으로 살면 나이가 무슨 문제가 되겠는가, 그래.

혼자 중얼거리다 눈을 드니 앗차 저런! 파란 눈금이 하나만 남았네. 총총총, 막 건너서니 횡단보도는 빨간불로 바뀐다.

—〈가을 빛 인생〉 일부

저자의 직업은 공무원을 거쳐 결혼 중매업이다. 가족 간의 정감과 소통을 바탕으로 남녀 간의 배필을 맺어주는 일은 인생에 있어서 중대사가 아닐 수 없다. 평생의 인연을 맞추려면 두 사람간의 인격과 성격, 환경과 인생관 등 여러 조건들을 상호 조율하고 균형을 맞춰야 한다. 세상사 중에서도 이처럼 어려운 일도 없을 듯하다.

또한 이만큼 뜻있는 일도 없어 보인다. 저자가 지역사회에서 명 중매사로 평판이 높은 이유는 무엇보다도 사람을 볼 줄 아는 안목이라고 생각한다.

사회생활은 인간관계 간의 조화와 상생의 도움과 배려가 있어야 발전되고 유지될 수 있다. 이런 관계 유지의 밑바탕은 감성의 흐름이 있어야 한다. 저자는 현실적인 삶의 상황을 보는 척도와 함께 감성의 흐름을 먼저 읽고 중매라는 인생 대사의 조율을 맞추고 있다.

인생을 보는 남다른 안목으로 수필을 쓰고 있기에 깊은 인생적인 경지의 깨달음에 닿고 있다. 자신의 체험으로만 인생적인 문제를 보고 파악하지 않고, 중매업을 통해서 터득한 많은 사람들의 인생적 체험을 종합해서 다양한 성향에 이르기까지 분석적인 관찰과 해석을 이끌어내고 있다.

결혼중매사는 두 사람과의 인생적 환경적 성격적인 조화와 균형을 맞춰야 하는 조율사調律師여야 한다. 인생적인 안목과 깊이가 있어야 함은 물론이다. 많은 사람들 중에 적격자를 찾아낸다는 것은 쉬운 일이 아니다. 이혼율이 50%를 상회하고 있음도 이를 뒷받침한다. 오랫동안 중매사로 종사할 수 있었던 것은 인간관계의 소중함을 일찍부터 알고 잘 간파하여 왔기에, 직업으로 택할 수 있었을 것이다. 중매사로 겪은 체험들이 수필에서 발견되는 것은 인간관계의 남다른 조율성과 행복을 선물하고픈 감성의 작용이 아닐까 한다.

〈가을빛 인생〉도 노신사와 30대 처녀와의 결혼 중매기로써 성공적인 만남을 보여준다.

'앗차 저런! 파란 눈금이 하나만 남았네. 총총총, 막 건너서니 횡단보도는 빨간불로 바뀐다.'는 결미가 긴 여운의 뉘앙스를 풍기고 있다.

4.

제3부는 기행문으로 세상사를 넓게 본 것이며, 제4부는 문학 수필이다. 문학 수필 중 〈만돌린〉과 〈붕어빵〉이 수작으로 꼽힌다. 6 · 25전쟁의 체험을 그린 〈만돌린〉은 남북 간의 민족살상의 아픔과 상황을 그린 작품이며, 〈붕어빵〉은 가난한 시절의 온정과 소박한 꿈을 담고 있다. 이런 작품들은 우리 민족이 겪었던 시대적인 아픔과 상황적인 묘사로서 남겨진 작품들이다. 정정금 수필가의 역작이 아닐 수 없다.

> 적량면 돌다리를 막 건너는 순간 포탄이 터지기 시작했다. 비행기가 날아와 폭격이 다시 시작되었다. 계속 포탄이 퍼부어졌다. 여기저기에서 혼을 빼가는 폭탄 터지는 소리가 나면 논두렁에 몸을 숨기며 간신히 이십 리를 더 달려 집에 도착했다.
>
> 안도의 숨을 내시며 집에 들어서니 군인들이 꽉 들어차 있

었다. 당시 나쁜 사람들이라고 들었던 인민군들이었다. 그래도 큰 방만은 비어 있었다.

시간이 조금 흐른 후 보니 이웃집에 살던 아줌마가 우리 집에 있었다. 아줌마는 인민군들을 앞세워 주인행세를 하고 있었다. 그리고 뒷산 밤나무 밭엔 수십 마리의 말들이 새끼줄로 매어져 있기도 했다.

마침 그때에 만돌린 켜는 소리가 들렸다. 나는 정신이 번쩍 났다. 그 소리 나는 곳으로 고개를 돌렸다. 소년 병사가 만돌린을 뜯고 있었다. 가만히 보니 내 오빠의 것이었다. 누구도 이 악기는 만져 볼 수 없는 악기였다.

오직 오빠만 만질 수 있는 오빠의 전용물이었다. 어린 마음에도 나는 화가 났다. "우리 오빠만 만질 수 있는 저 귀한 악기를 누가 만지노?" 하며 그 인민군에게 달려갔다. 그가 들고 있던 악기를 뺏으려 했다.

그 소년병은, "갓나새끼!" 하며 나를 노려보며 가만 있으라 했다. 나는 그들에게 덤벼들었다. 나는 갓난아이가 아니고, 손가락을 꼽아 보이며 일곱 살이라 했다. 내년에 학교 갈 거라 했다.

지금 생각해 보면 어처구니없는 일을 내가 벌였던 것이다.

무슨 말인지 말귀도 알아듣지 못하는 어린 나이에 무슨 용기가 생겨 그런 일을 했는지 웃음이 절로 나오는 일을 저질렀던 것이다. 그러나 당시엔 오빠에 대한 존경심이 그런 엄청난 용기를 갖게 했던 것이다.

내가 집에 돌아오기 전 할머니에게 인민군들은 닦달이 심했던 걸 몰랐다. 우리 집에 양자로 와 있던 오빠가 경찰관이어서 우리 집을 요시찰 대상으로 지목하여 점령하고, 양자오빠를 찾아오라고 할머니를 괴롭히고 있었다. 나는 그것도 모르고 집에 돌아갔었다.

할머니는, "나는 모른다. 죽었는지, 살았는지." 하며 하루하루 명줄을 걸어놓고 줄타기를 하고 있었다. 이런 난리 통에 내가 만돌린을 뺏으려 했으니 얼마나 기가 찬 노릇이었던가, 생각해보면 두려운 순간이었다.

그러던 어느 날 밤 주황색 불빛이 튀어 오르더니 밤하늘이 발갛게 달아올랐다. 하동군청이 폭격을 당했다고 했다. 그런 이틀 뒤 낮에 느닷없이 쥐가 줄지어 우리 집으로 들어왔다. 그것도 한 줄로 서서. 어린 쥐는 큰 쥐가 업고 들어왔다. 이 희한한 광경을 보던 노 할머니는 혼잣말로 "이젠 얼마 안 남았네." 하시며 나를 큰방으로 데리고 갔다.

그날 밤 길 건너 기와집에 폭탄이 떨어졌다. 비행기의 폭격은 계속되었다. 인민군들은 서로 동무, 동무 하며 말들을 풀어 달아났다. 나는 잠을 한숨 잔 후 눈을 뜨니 내 머리맡에 만돌린이 놓여 있었다.

당시 철부지 나이에 용감하게 덤벼든 그 힘이 오빠의 만돌린을 내 머리맡에 있게 했는지 모르겠다는 생각이 가끔 난다. 씁쓸한 회한의 웃음을 머금으며.

바람이 세게 부는 것 같다. 아카시아 꽃향이 진하게 난다. 이젠 들을 수 없는 오빠가 켜는 만돌린 소리도 허공에서 아련히 들리는 것 같다. 그러다가 차츰차츰 멀어져 간다.

그래, 밤꽃이 필 때가 또 되었구나.

—〈만돌린〉 일부

정정금 수필가의 작품 가운데 〈만돌린〉은 대표작이다. 7세 소녀시절에 겪은 6·25전쟁의 체험담이다. 자신의 집을 인민군 병사들이 차지한 속에 오빠가 애지중지하던 만돌린을 인민군 병사가 켜고 있는 것을 발견하고, 빼앗으려는 일화나 경찰이던 삼촌을 찾아내라고 할머니에게 윽박지르던 인민군과의 실갱이, 인민군이 후퇴하면서 소녀의 머리맡에 남겨두고 간 만돌린의 여운은 한국전쟁의 참상과 민족의 비극과 애환을 떠올리게 하는 수작이다.

정정금의 수필은 한국인의 삶과 감성을 우려낸 맛과 빛깔과 가락이라 할 수 있다. 단순한 감성의 세계가 아닌, 한국인의 애환과 삶의 지혜가 오래 동안 숙성이 되어 은은히 내비쳐 흐르는 표정이라 할 수 있다. 여기에 은근한 사랑으로 피어나는 삶의 체취와 정한의 무늬가 수놓아져 있다.

화가의 말

나비-그 흔적들

김해연 재미화가, 수필가

나의 깊은 곳에서 나비가 하나씩 하나씩 자라고 있다는 걸 아주 어렸을 적 무언지 어렴풋이 알고 있었다.

시간 지나 어느날 더 이상 그 날개의 얇은-부딪힘의 부서지는 아우성을 참을 수 없어 붓을 찾아 들고, 마당의 뒷방문을 열고서 마침내 하나 하나 떠나 보내기로 했다. 애써 모르는 것처럼 아니 아예 듣지 못하는 것처럼 감추고서 살았지만, 어느새 그 나비들은 스스로 애벌레의 껍질을 벗고서는 당당하고 화려한 날개를 달고서 날아갈 준비를 하고 있었던 것이다.

그래, 떠나 보내고서 남는 흔적을 다른 어떤 것으로 차마 채울지라도 그 외로움쯤이야 하는 뻔뻔함을 드러내 보이기로 하였다. 나비가 떠난 후의 흔적을 이제는 오랜 세월의 진액으로 채워진 텁텁한 사랑과 무덤덤한 겸손함으로 덧바르면서, 보내는 슬픔이 아니라 새로움을 받아들이는 진통의 기쁨으로 마무리하고 싶다. 이 진통이 끝나고서 새로운 탄생의 은총을 진심으로 감사드리는 날이 오기를 기다리면서 오늘 지금 내 속의 나비들을 하나 또 날려 보내고 있다.

지은이 정정금

하동고등학교 졸업. 남해농촌지도소, 마산농촌지도소 근무. 경남대학교 평생교육원 수필창작반 수료. 《수필시대》 등단(성기조 님 추천). 붓꽃문학회 · 마산문인협회 회원. 축복결혼상담소 대표.

표지 · 본문 화가 김해연

이화여자대학교 미술대학 서양화과 졸업. 미국 Aegis Gallery of Fine Art Member (Saratoga, Ca). 미국 Santa Clara County Art Fair에서 2년 대상과 장려상 수상. 2009년 Butterfly(나비) 개인전 – 미국 Aegis Gallery.